3. DRAUSSEN IN DER NATUR:

1. MACH ES WIE DIE PROFIS:

Vorbereitung ist alles!

Das Outdoor Entdeckerhandbuch

Andrea Schwendemann

Wissen, Tipps und Survival-Tricks für draußen

Mit farbigen Illustrationen von Ilonka Baberg

SAUERLÄNDER

Inhaltsverzeichnis

SURVIVAL*-ABENTEUER PLANEN

Du bist gerne draußen in der Natur? Schlechtes Wetter macht dir gar nichts aus? Du möchtest dich in unbekanntem Gelände orientieren? Du interessierst dich für heimische Tier- und Pflanzenarten? Du willst alles über die wichtigsten Survival-Tricks wissen? Dann bist du hier auf der richtigen (Lese-)Spur. Doch bevor du die Wanderstiefel schnürst und losmarschierst, mache es wie die Outdoor*-Profis: Bereite dich gründlich vor!

***Outdoor** (sprich: Autdoor):
Dieser englische Begriff heißt ins Deutsche übersetzt „außerhalb des Hauses" oder „draußen" und umfasst alle Aktivitäten, die du in der Natur unternimmst.

***Survival** (sprich: Sörrweiwel):
Dieser englische Begriff heißt ins Deutsche übersetzt „Überleben".
Mit Survival-Tipps lernst du ...
... Feuer zu machen oder einen Unterschlupf zu bauen,
... in Notsituationen mit wenigen Hilfsmitteln in der Natur zu überleben.

Kennst du … den Dschungelkönig Rüdiger Nehberg („Sir Vival")?

Rüdiger Nehberg (*1935 – † 2020) ist der wohl bekannteste deutsche Abenteurer und Survival-Spezialist. Der gelernte Konditor unternahm unzählige Expeditionen und Abenteuerreisen in die ganze Welt. Er durchquerte zum Beispiel zu Fuß die Danakil-Wüste im Norden Afrikas und überquerte den Atlantik mit einem Bambusfloß. Rüdiger Nehberg war aber nicht nur ein berühmter Abenteurer. Er setzte sich auch für Menschenrechte ein, etwa für die Yanomami, das sind Ureinwohner, die im Amazonas-Gebiet in Südamerika leben.

Grundregeln für Survival*- Helden und Outdoor*- Profis:

- Gehe niemals alleine los – nimm immer eine Freundin oder einen Freund mit auf deine Tour.
- Informiere deine Eltern oder andere Erwachsene, wo ihr hingeht und wie lange eure Expedition vermutlich dauern wird. Sie können dann auch einschätzen, ob das alleine möglich ist oder ihr einen erwachsenen Outdoor-Profi an eurer Seite braucht.
- Ziehe dich wetterfest und passend für den Ausflug an.
- Packe deinen Rucksack mit allem, was du brauchst.

- Plane Pausen ein und nimm dir nicht zu viel vor.
- Handy einpacken! Damit kannst du im Notfall Hilfe rufen. Beachte: Nicht überall gibt es ein gutes Netz – deshalb darfst du dich nicht darauf verlassen.

DER WEG IST DAS ZIEL ODER AB DURCH DIE MITTE:

Sich in der Natur orientieren und Route planen

Eine der wichtigsten Fähigkeiten von Outdoor-Profis ist: sich nicht zu verirren. Dabei helfen Karte und Kompass.
Suche dir dein Ziel auf der Karte aus – und plane deine Route.

Checker-Frage

Was ist eine Karte?

Eine Karte ist eine verkleinerte und vereinfachte Abbildung der Erde. In einer Karte kannst du lesen wie in einem Buch. Denn auch sie erzählt dir viele spannende Geschichten. Und sie steckt voller Informationen, die mit Symbolen dargestellt sind. Was die einzelnen Symbole bedeuten, erklärt dir die Legende. Du kannst mit Hilfe der Legende herauslesen, wo Flüsse, Orte, wichtige Gebäude, Wälder, Straßen und Berge liegen. Die dicht aneinander liegenden Höhenlinien einer topographischen Wanderkarte verraten dir zum Beispiel, dass es dort steil bergauf geht.

Wieso sind Karten heute nach Norden ausgerichtet – also „genordet"?

Das war nicht immer so. Im Mittelalter waren christliche Karten nach Osten ausgerichtet. Denn dort liegt die heilige Stadt Jerusalem. Daher stammt auch der Begriff „orientieren" – nämlich wörtlich übersetzt „nach Osten ausrichten". Das änderte sich mit den großen Seefahrern und mit der Einführung des Kompasses ab 1300. Der Kompass, dessen Nadel nach Norden zeigt, wurde immer wichtiger bei der Vermessung von Land und bei der Seefahrt. Deshalb wurden Karten nach Norden ausgerichtet. Das ist bis heute so: Und wenn Norden auf der Karte oben liegt, dann weißt du auch, dass Osten rechts, Süden unten und Westen links ist.

Was ist der Maßstab einer Karte?

Der Maßstab gibt an, um wievielmal kleiner die Karte gegenüber der Wirklichkeit ist. Wanderkarten, die du bei deinen Expeditionen gut gebrauchen kannst, haben meist den Maßstab 1 : 25 000 oder 1 : 50 000. Das bedeutet:
Ein Zentimeter auf der Karte entspricht 25 000 Zentimeter (=250 Meter) oder 50 000 Zentimeter (=500 Meter) in der Natur. Auf jeder Karte findest du eine Maßstabsleiste. Damit kannst du Entfernungen auf der Karte abmessen und so die tatsächliche Entfernung errechnen.

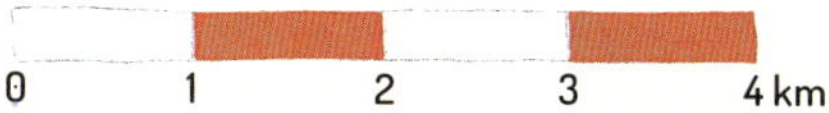

Tipp: Du kannst dir Wanderkarten in der Stadtbibliothek ausleihen oder deine Tour mit digitalen Karten planen.

Himmelsrichtungen kennen!

Wo bin ich? Und wo möchte ich hin? Das sind die zwei wichtigsten Fragen, wenn du in der Natur unterwegs bist. Die Himmelsrichtungen Norden, Osten, Süden und Westen helfen dir dabei. Kennst du eine Himmelsrichtung, ergeben sich die anderen von selbst – im Uhrzeigersinn.
Mit dieser Eselsbrücke kannst du dir die Reihenfolge der Himmelsrichtungen merken:

NORDEN → **O**STEN → **S**ÜDEN → **W**ESTEN
NIE → **O**HNE → **S**EIFE → **W**ASCHEN

DER KOMPASS –
kleiner Helfer, große Hilfe

Um zu verstehen, wie ein Kompass funktioniert, musst du Folgendes wissen: Die Erde ist ein riesiger Manget mit einem Pol im Norden und einem Pol im Süden. Die Erde ist also magnetisch. Die Nadel eines Kompasses ist ebenfalls magnetisch und richtet sich am Magnetfeld der Erde aus, sie zeigt somit nach Norden und Süden.

Checker-Frage
Was ist ein Kompass?

Ein Kompass zeigt dir mit Hilfe einer Magnetnadel die Richtungen Norden und Süden an. So hilft er dir, dein Ziel zu finden – und zwar zu jeder Zeit, bei Regen und Schnee, Sonnenschein und Dunkelheit. Der Kompass wurde übrigens in China erfunden.

Wie ist ein Kompass aufgebaut?

Jeder Kompass sieht ein bisschen anders aus. Es gibt zum Beispiel Lineal- und Marschkompasse. Über zwei Elemente verfügt aber jeder Kompass:
Die Kompassnadel und die Kompassrose beziehungsweise eine Skala mit den Himmelsrichtungen. Auf dem Kompass siehst du die Buchstaben:

N für **Norden**, **S** für **Süden**, **W** für **Westen** und **E** für **Osten**.
(Auf Englisch heißt Osten „East".)

Einen Kompass selber machen!

Hast du Lust, einen Kompass zu basteln? Echte Outdoor-Profis scheuen auch das Bastelabenteuer nicht und nutzen Regentage sinnvoll.

Das brauchst du:

- Nadel
- Magnet
- Stück Klebeband
- Korken
- Papier
- Stift
- Schälchen mit Wasser

So geht's:

1. Schneide aus dem Papier einen Kreis aus. Er sollte etwas größer sein als der Korken. Zeichne auf das Papier die Himmelsrichtungen auf.
2. Schneide ein fingerdickes Stück vom Korken ab.
3. Klebe das Papier auf den Korken.
4. Magnetisiere nun die Nadel: Streiche mit dem Magneten etwa 30-mal über die Nadel – vom Kopf bis zur Spitze.
5. Klebe die Nadel mit dem Klebestreifen auf die Korkscheibe – die Spitze zeigt nach Norden.
6. Setze den Kompass aufs Wasser – und dein Kompass zeigt dir die Himmelsrichtungen Norden und Süden.

Den Weg finden mit Karte und Kompass

Auf den vorigen Seiten hast du gelernt, wie Karte und Kompass funktionieren. Jetzt erfährst du, wie du mit diesem Duo den Weg durch die Wildnis findest.

Das brauchst du:

- Wanderkarte
- Kompass

So geht's:

1. Halte den Kompass möglichst waagrecht in der Hand.
2. Warte, bis die Nadel sich nicht mehr bewegt.
3. Die Nadelspitze (meist rot oder dunkel) zeigt nach Norden.
4. Lege deine Karte so hin, dass die obere Kartenseite nach Norden zeigt.
5. Landmarken wie Kirchen, Burgen und Berge, die auf der Karte eingezeichnet sind, solltest du nun in der Landschaft, in die du blickst, erkennen.
6. Bestimme deinen Standort auf der Karte und dein Ziel im Gelände.

Tschüs, Landkarte! Willkommen, Navi?

„Karten sind voll altmodisch“, sagen einige! Und ergänzen: „Es gibt doch Navis, also Navigationsgeräte. Damit finden moderne Abenteurer ihren Weg durch die Wildnis.“ Stimmt schon, Navis sind nützlich. Aber auch die guten, alten Karten brauchen wir noch. Sie benötigen keinen Akku und keine Batterie und sind auch dann noch funktionsfähig, wenn Satelliten im All mal ausfallen. Karten geben dir außerdem einen guten Überblick über das große Ganze. Übrigens: Auch Navis nutzen Karten. Denn nur wenn wir sie mit Kartenwissen füttern, weisen sie uns den Weg.

So funktionieren Navis

Etwa 30 GPS-Satelliten im Weltall umkreisen unsere Erde in einer Höhe von 20 000 Kilometern. GPS (sprich: Dschi-Pi-Ess) ist die Abkürzung für „Global Positioning System“, auf Deutsch „globales System zur Ortsbestimmung“. Diese Satelliten schicken bestimmte Signale an dein Navigationsgerät (kurz: Navi). Dein Navi funktioniert wie ein kleiner Computer, der mit Hilfe der GPS-Daten deine Position in der Wildnis berechnet. Wenn du ihm dein Ziel verrätst, führt er dich hin.

ORIENTIERUNG OHNE HILFSMITTEL

Die Natur zeigt dir die Spur!

Stell dir vor: Du stehst mitten im Nirgendwo. Problem: Du hast weder Karte und Kompass noch Navigationsgerät dabei. Nicht verzweifeln, diese Survival-Tipps helfen dir, dich zu orientieren.

Tipp 1:

Funktioniert nur, wenn die Sonne scheint und du diesen Spruch kennst: „Im Osten geht die Sonne auf, im Süden nimmt sie ihren Lauf. Im Westen wird sie untergehen. Im Norden ist sie nie zu sehen." Zugegeben, bei Regenwetter nützt dir diese Eselsbrücke nichts. Aber an einem sonnigen Morgen kannst du so bestimmen, wo Osten ist! Und dann kennst du auch die anderen Himmelsrichtungen.

Tipp 2:

Funktioniert auch bei schlechtem Wetter: Du musst dir die Natur genau anschauen. Guck dir bei freistehenden Bäumen die Wuchsrichtung an. Sie sind häufig nach Osten geneigt. Denn Wind und Wetter kommen bei uns meist aus dem Westen. Einen weiteren Hinweis gibt das Moos an den Bäumen. Es wächst auf der Wetterseite, also im Westen.

Tipp 3:

Dich mit Hilfe der Sterne zu orientieren? Geht! Allerdings muss es – logischerweise – Nacht sein und wolkenlos. Außerdem geht das nur an Orten, an denen die Sterne gut zu sehen sind. Mitten in der Großstadt ist das schwierig, denn die vielen Lichter lassen die Sterne erblassen.

Der wichtigste Stern, der dir hilft, deinen Weg zu finden, ist der Polarstern. Er steht immer an genau derselben Stelle: nämlich genau über dem Nordpol der Erde, also im Norden. Wie du ihn findest?

1. Suche nach dem bekannten Sternbild „Großer Wagen".
2. Gehe gedanklich an die „Hinterachse" des großen Wagens und verlängere diese fünfmal.
3. So landest du genau beim Polarstern, der der äußerste Deichselstern des Kleinen Wagens ist.
4. Hast du den Polarstern entdeckt, blickst du genau nach Norden und kennst damit auch alle anderen Himmelsrichtungen: Osten ist rechts, Süden ist hinter dir und Westen ist links.

-› **Achtung, Abenteurer*in:** Das Wissen, über die Himmelsrichtung nützt dir natürlich nur etwas, wenn du weißt, wo dein Ziel ist und wo du hinwillst.

*) Großer Wagen; **) Polarstern

WERDE ZUM WETTERPROFI

Wie wird das Wetter? Regnet es? Schneit es? Wird es bitterkalt oder bullenheiß? Der Blick auf die Wetterkarte in der Zeitung, im Fernsehen oder in einer Wetter-App ist für Outdoor-Fans wie dich ein Muss.

Das Wetter im Blick!

- Wie ist die Großwetterlage? Das erfährst du, wenn du dich etwa drei Tage vor deinem Outdoor-Abenteuer informierst.
- Das Wetter kann sich schnell ändern. Einen Tag vor dem Ausflug und morgens, bevor du aufbrichst, solltest du unbedingt noch mal den Wetterbericht checken.
- Sind starke Schnee- oder Regenfälle, Gewitter oder Kälte angesagt? Verschiebe deinen Ausflug, wenn möglich.
- Vom angesagten Wetter hängt ab, welche Ausrüstung du brauchst: Im Sommer, wenn es heiß ist, solltest du immer einen extra Liter Wasser mitnehmen – außerdem ausreichend Sonnencreme, Mückenschutz und eine Kopfbedeckung. Ist Regen angesagt? Vergiss deine regenfeste Kleidung und wasserdichte Schuhe nicht.
- Und falls dich doch ein Gewitter in der Natur überrascht: siehe Seite 92 in diesem Buch.

EXTRA-WiSSEN

Prima Klima? Blödes Wetter!

Kennst du den Unterschied zwischen Wetter und Klima? Diese beiden Begriffe werden oft verwechselt. Den Unterschied zu verstehen, ist gar nicht so schwer: Schau durchs Fenster nach draußen. Was du siehst, ist das Wetter: Die Sonne scheint, es regnet oder es ist neblig. Wetter ist ein kurzfristiges Ereignis, das sich schnell ändern kann. Das Klima dagegen beschreibt das Wetter über einen langen Zeitraum in einem bestimmten Gebiet. Wenn Forscherinnen und Wissenschaftler von Klima sprechen, meinen sie meist einen Zeitraum von mindestens 30 Jahren.

Tierische Wetterboten!

Tiere und Pflanzen sind bei Wind und Wetter draußen – sie haben meist kein Dach über dem Kopf wie wir Menschen. Kein Wunder, dass sie ein gutes Gespür fürs Wetter haben. Denn so können sie sich rechtzeitig in Sicherheit bringen.

Laubfrosch

Wenn es im Sommer lange Zeit schön und heiß ist, klettern junge Laubfrösche an Zweigen und Stielen von Pflanzen empor. Bei Regen oder Gewitter kannst du sie in Bodennähe finden.

Übrigens:
Meteorologen, also Wissenschaftler, die das Wetter vorhersagen, werden häufig als Wetterfrösche bezeichnet.

Der kleine Fuchs

Dieser Tagfalter reagiert empfindlich auf Änderungen des Wetters. Ist eine Regenfront im Anmarsch oder liegt ein Gewitter in der Luft? Das spürt der Kleine Fuchs sehr viel früher als wir Menschen. Und er sucht Unterschlupf unter Balkonen und klappt seine Flügel zusammen.

Kreuzspinne

Spinnen bauen ihre neuen Netze nur dann, wenn sie sicher sind, dass sie nicht gleich wieder vom Regen zerstört werden. Wenn du also eine Kreuzspinne in der Mitte ihres Netzes sitzen siehst, ist das ein gutes Zeichen: Dann bleibt das Wetter schön!

Katze

Hast du eine Katze? Dann beobachte sie genau. Klar, der Stubentiger faulenzt am liebsten in der Sonne. Wenn es bald regnet, verzieht sich die Katze rechtzeitig ins Haus. Dann folgst du ihr am besten!

Kiefernzapfen

Ist es trocken und warm, öffnen sich die Zapfen der Kiefern. Denn der Nadelbaum „weiß", dass jetzt die Bedingungen günstig sind, seine Samen fallen zu lassen – und sich so zu vermehren. Wird die Luft feuchter, weil es bald regnen wird, schließt die Kiefer ihre Zapfen.

WOLKEN

Die Wettermacher!

Wenn du in der Natur unterwegs bist, solltest du hin und wieder einen Blick in den Himmel werfen. Denn Wolken sind Wettermacher. Mit ein bisschen Wolkenwissen wirst du nicht mehr so schnell von einem Regenguss überrascht. Werde zum Wolken-Checker und entdecke die unterschiedlichsten Formen dieser wunderschönen Gebilde!

1. Wolken in großer Höhe (8 000 bis 12 000 Meter)

Zirrus: Diese Wolken bilden sich in ganz großen Höhen, wo es sehr kalt ist. Du erkennst sie an der Form – sie erinnern an Federn. Deshalb heißen sie auch Federwolken. Werden sie im Tagesverlauf weniger, wird das Wetter schön.

2. Wolken in der unteren Etage (0 - 2 000 Meter)

Stratus: tiefe, graue Schichtwolken. Sie bilden häufig eine graue Wolkenschicht und bringen meist schlechtes Wetter.

Stratokumuli: Auch Haufenschichtwolken gibt es in der unteren Etage.

3. Wolken, der unteren Etage, in der Mitte und in großer Höhe:

Kumulus: Dieses Wort ist Latein und heißt übersetzt so viel wie Haufen. Sie sehen aus wie Schafe, Wolle oder eben Haufen. Diese Wolken sind die häufigste Wolkenart. Sie bilden sich oft bei gutem Wetter, aber manchmal wachsen sie auch zu Gewitterwolken heran (siehe nächste Seite).

4. Gewitterwolken

Vorsicht: Aus Kumuluswolken können schnell gigantische Gewitterwolken werden, die sich über die verschiedenen Stockwerke des Himmels auftürmen. Deshalb spricht man auch von **Kumulonimbus**. Das heißt so viel wie „riesige Gewitterwolke“.

Wolken-Fakten

* Wusstest du, dass zwei Drittel der Erdoberfläche ständig mit Wolken bedeckt sind?

* Wolken sind echte Lebensretter: Sie speichern Wasser aus Flüssen, Seen und Meeren und verteilen es anschließend wieder.

* Vorsicht, auch bei bewölktem Himmel kannst du einen Sonnenbrand bekommen. Denn wenn die Wolkendecke kleine Lücken aufweist, ist die UV-Strahlung besonders hoch.

LECKERES FÜR UNTERWEGS:

Das kommt in deine Brotdose!

Leicht, lecker und gesund – so sollte der Proviant* sein, den du mit auf deine Touren nimmst. Denn wer wie du so eifrig durch die Landschaft stapft, kriegt irgendwann Hunger. Aber nicht nur der Magen knurrt beim Draußensein. Nein, Outdoor-Abenteuer machen auch durstig! Nimm genug Wasser mit, mindestens zwei Liter pro Person für jeden Tag – wenn es heiß ist, sogar noch mehr.

Welche Getränke eignen sich für Outdoor-Abenteuer?
Wasser oder Saftschorle in der Trinkflasche, ungesüßter Tee in der Thermoskanne.

Welche Nahrungsmittel eignen sich für Outdoor-Abenteuer?

- **Vollkornbrote** mit Käse oder vegetarischem Aufstrich.
- **Gemüse,** etwa Karotten oder Gurken zum Knabbern.
- **Müsliriegel:** Sie liefern schnell Energie und sind relativ leicht. Du kannst sie auch selbst machen, das ist viel kostengünstiger. Außerdem kannst du die Zutaten reinmischen, die dir am besten schmecken.
- **Nüsse und getrocknete Früchte:** Die sollten in deinem Futtervorrat nicht fehlen. Denn Nüsse liefern viel Energie und können zwischendurch geknabbert werden.

***Proviant** (sprich: Prowiant):
Dieses Wort geht vermutlich auf das italienische Wort „Provianda“ zurück. Das bedeutet Mundvorrat und Speise. Du kannst auch Wegzehrung, Futterpaket oder Vesper sagen.

MÜSLIRIEGEL

Wenn das Wetter zu schlecht für eine Tour ist, kannst du die Zeit nutzen und dich auf dein nächstes Abenteuer vorbereiten – und zum Beispiel leckere Müsliriegel backen.

Das brauchst du (für ca. 9 Riegel):

- 80 Gramm Honig
- 2 Esslöffel Butter
- 80 Gramm Datteln
- 30 Gramm Walnüsse
- 30 Gramm Mandeln
- 150 Gramm Haferflocken
- Saft von ½ Zitrone
- Backpapier

So geht's:

1. Walnüsse und Mandeln kleinhacken, Datteln kleinschneiden und die halbe Zitrone auspressen.
2. Butter und Honig in einem Topf bei kleiner Hitze zu einer flüssigen Masse verrühren und den Topf vom Herd nehmen.
3. Gib nun die Walnüsse, Mandeln, Datteln, Zitronensaft und Haferflocken in die Butter-Honig-Masse und rühre kräftig um.
4. Lege ein Backblech mit Papier aus.
5. Verteile nun die Masse in einer 1,5 Zentimeter hohen Schicht auf dem Backpapier. Es ist wichtig, dass sie wirklich dick ist, da die Riegel sonst später nicht zusammenhalten.
6. Backe die Müsliriegel bei 150 Grad (Ober- und Unterhitze) für etwa 30 Minuten im Ofen. Sie sollten goldenbraun aussehen.
7. Zerschneide die noch warme Masse in Riegel.
8. Lecker! Fertig ist deine Energie to go!

OUTDOOR-ABENTEUER GENIESSEN -

aber bitte umweltfreundlich

Als Outdoor-Fan bist du ja sowieso schon ziemlich umweltfreundlich unterwegs: Mit diesen Tipps werden deine Trips nachhaltig* hoch zwei.

1. Wenn es möglich ist, fahre mit öffentlichen Verkehrsmitteln wie Zügen, S-Bahnen oder Bussen zum Startpunkt deiner Tour.
2. Proviant ohne Verpackungsmüll: Packe deinen Proviant in Brotdosen aus Metall, Holz oder Glas, fülle dein Wasser in Flaschen, die du oft nutzt. Tee lässt sich prima in einer Thermoskanne warm halten. Vermeide Snacks und Riegel, die in Plastik verpackt sind. Du kannst Müsliriegel selbst backen (siehe Seite 23) und in einem Bienenwachstuch mitnehmen. (Siehe Anleitung zum Selbermachen auf der nächsten Seite.) Hinterlasse keine Spuren und keinen Müll in der Natur. Sammle Abfall ein, der am Wegesrand liegt.
3. Fotos sind schöne Erinnerungen – und nachhaltig! Fotografiere Blumen, statt sie zu pflücken.

Tipp: Unverpackt-Läden: Einkaufen ohne Verpackung

In vielen Städten gibt es inzwischen Geschäfte, die Nahrungsmittel ohne Verpackung verkaufen. Bring Gläser, Dosen oder Boxen für deinen Einkauf mit. Nüsse, Nudeln, Reis, Müsli und alle anderen Waren kannst du da reinfüllen.

***nachhaltig:** Der Begriff Nachhaltigkeit ist dir bestimmt schon öfter begegnet. Ursprünglich stammt das Wort aus der Forstwirtschaft des 18. Jahrhunderts. Es bedeutet, dass man nicht mehr Bäume fällen soll, als nachwachsen. Die Idee dahinter: Der Wald bleibt erhalten und auch nachfolgende Generationen können ihn nutzen. Nachhaltig zu handeln heißt heute immer noch: sorgsam mit den Rohstoffen und Bodenschätzen wie Wasser, Erdöl und Holz umzugehen und so zu handeln, dass alle Menschen und Tiere auch in Zukunft noch gut leben können.

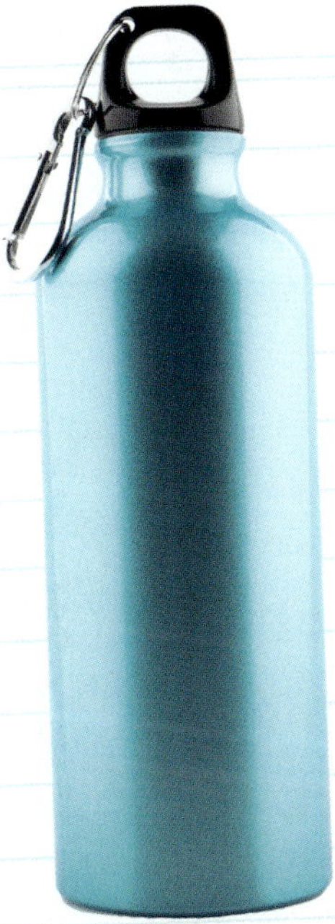

Übrigens:
Auch viele Supermärkte bieten inzwischen einige Nahrungsmittel verpackungsfrei an.

Frischhaltefolie selber machen – aber öko!

In selbst gefertigten Bienenwachstüchern kannst du dein Vesperbrot einpacken oder Essensreste abdecken.

Das brauchst du:

- Stoffreste aus Bio-Baumwolle (25 × 25 Zentimeter)
- Bienenwachspastillen in Bio-Qualität (etwa 20 Gramm), am besten von einem Imker in deiner Nähe
- 2 Bogen Backpapier
- Bügelbrett
- Bügeleisen
- Schere
- einen Erwachsenen, der dir beim Bügeln hilft

Bienenwachstuch-Wissen:

Bienenwachs hat eine leicht antibakterielle Wirkung. Du kannst damit dein Vesperbrot einwickeln, aber kein rohes Fleisch und keinen rohen Fisch.

Reinige die Bienenwachstücher nach Gebrauch mit lauwarmem Wasser und einem Lappen. Sollte dein Wachstuch mit der Zeit Knickspuren bekommen, kannst du einfach wieder eine neue Schicht Wachs auftragen.

So geht's:

1. Bedecke das Bügelbrett mit mehreren Lagen Zeitungspapier.
2. Lege jetzt zunächst einen Bogen Backpapier und dann den Stoff darauf.
3. Verteile die Bienenwachspastillen gleichmäßig auf dem Stoff.
4. Bedecke alles mit einem Backpapier und stelle das Bügeleisen auf die Baumwollstufe ein.
5. Bügle mit dem heißen Bügeleisen über das Backpapier. Durch die Wärme schmilzt das Wachs. Achte darauf, dass es sich gut verteilt, aber nicht an den Seiten rausläuft.
6. Ziehe die beiden Backpapierbögen zügig vom Stoff ab – das Wachs trocknet schnell. Durch die Hitze ist der Stoff komplett mit Wachs durchtränkt und damit versiegelt.
7. Hänge das Tuch kurz auf, bis es ganz trocken ist.
8. Und schon ist das Bienenwachstuch einsatzbereit.

PACKLISTE(N)

Bevor du deinen Rucksack packst, solltest du dir selbst folgende Fragen beantworten: Wo geht deine Expedition hin? Wie lange dauert sie? Ist es Winter oder Sommer? Planst du eine Übernachtung im Freien? Denn davon ist abhängig, was du mitnehmen solltest. Bitte bedenke: Die Packlisten auf dieser Seite sind nur deine Grundausstattung. Passe sie an, je nach Wetter, Ziel und Länge der Tour.

Dein Outfit* für Outdoor-Abenteuer:

Unterhose,
Unterhemd,
langärmeliges T-Shirt,
lange Hose,
Fleece- oder Softshelljacke,
Socken,
Wander- oder
Trekkingschuhe

Stimmt's?

Bevor du eine längere Wandertour unternimmst, solltest du deine Wanderschuhe gut einlaufen. Das verhindert, dass die Schuhe drücken und du Blasen bekommst. Früher haben manche Abenteurer in ihre ledernen Wanderschuhe gepinkelt. Warum? Damit sich die Schuhe dehnen. Richtig ist, dass Flüssigkeit den Lederschuh geschmeidig macht. Allerdings kannst du das auch mit Wasser machen – und dann ist das weniger ekelig.

*** Outfit (sprich: Autfit). Das ist Englisch und heißt ins Deutsche übersetzt Ausstattung.**

1 Packliste: TAGESAUSFLUG

- Rucksack ( )
- Kompass ( )
- Wanderkarte ( )
- Regenjacke ( )
- Handy ( )
  (mit Ladegerät und Powerbank)
- Sonnenbrille ( )
- Sonnencreme ( )
- Klopapier ( )
- Taschentücher ( )
- Feuerzeug ( )
- Taschenmesser ( )
- Kopfbedeckung / Mütze ( )
  (je nach Wetter)
- Erste-Hilfe-Set ( )
- Müllbeutel ( )
- Geld ( )
- Ausweis ( )
- Halstuch ( )
  (Multifunktionstuch)

+

- Proviant für unterwegs ( )
  (Vollkornbrote, Müsliriegel, Bananen)
- und Wasser ( )
  (mindestens 2 bis 3 Liter)

2 Packliste: TOUR mit Übernachtung

Alle Gegenstände der Packliste 1 ( )

+

- wasserdichte Plastikplane ( )
  (drei mal vier Meter) mit Ösen
- Leine oder Zelt ( )
- Kulturbeutel ( )
- Schlafsack ( )
- Isomatte ( )
- Funktionshandtuch ( )
- Mückenschutzspray ( )
- Taschenlampe **o. Stirnlampe** ( )
- Kocher **mit Brennstoff** ( )
- Topf, Pfanne **plus Griffzange** ( )
- Teller, Schüssel, Tasse und Besteck ( )
- Lebensmittel: **z. B. Spaghetti** ( )
- Teebeutel ( )
- Wasserfilter, Tabletten zur Trinkwasseraufbereitung ( )
- Panzertape ( )
- Schnur/Seil ( )
- Kamera ( )
- Expeditionstagebuch/Stift ( )

RUCKSACK PACKEN

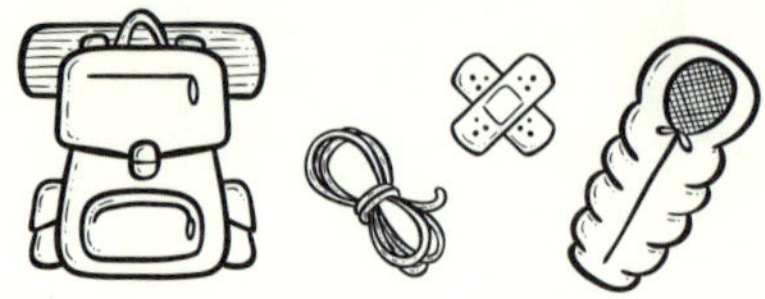

Hast du alles beisammen, was auf deiner Packliste steht? Dann kannst du jetzt deinen Rucksack befüllen. Wichtig ist, dass du deine Siebensachen gut verteilst. Dann trägt sich der Rucksack viel leichter.

Ins Deckfach: alles, was du häufig brauchst, zum Beispiel Sonnencreme, Kamera, Wanderkarte, Handy und Geld.

Ins Hauptfach: die mittelschweren Sachen wie das Erste-Hilfe-Set. So stabilisierst du das Hauptfach.

Ins Hauptfach, nahe an den Rücken und das Tragesystem: schwere Sachen wie Trinkflaschen, Taschenmesser und Proviant.

Ins Bodenfach: leichte, aber voluminöse Dinge wie Regenjacke, Daunenjacke oder ein Schlafsack.

Hättest du's gewusst?
Du solltest dir nicht zu viel auf den Buckel packen.
Das maximale Gewicht: für Sechs- bis Achtjährige maximal drei Kilo; Neun- bis Zwölfjährige sollten nicht mehr als fünf Kilo tragen.

Der erste Rucksackträger!
Bereits der berühmte Steinzeitmensch Ötzi trug eine Art Rucksack, eine einfache Rückentrage aus Haselholz. Daran befestigte er zum Beispiel Werkzeug und Nahrung. Ötzi lebte vor über 5000 Jahren in den Alpen. 1991 wurde seine Mumie in einem Gletscher oberhalb des Niederjochferners in Südtirol gefunden.

KLEINE KNOTENKUNDE

Knoten sind eine der ältesten Erfindungen der Welt – älter als das Rad. Auch heute werden sie noch gebraucht – von Seeleuten, Chirurginnen, Bergsteigerinnen und Kletterern. Und nicht nur Menschen finden Schlaufen legen praktisch! Auch Tiere knoten Knoten. Gorillas zum Beispiel verknüpfen Grashalme, um Nester zu bauen. Merke: Echte Outdoor-Profis gehen nie ohne Schnüre, Seile und Bänder in die Natur. Praktisch sind sie überall: auf Expedition in der Wildnis und zu Hause.

Kreuzknoten

Wofür? Dieser Knoten eignet sich, um zwei gleichartige Seile miteinander zu verbinden, zum Beispiel um sie zu verlängern. Das ist manchmal nützlich, wenn ein Seil zu kurz ist. Beachte: Eine Wäscheleine und eine Reepschnur (ein dünnes Seil, das häufig zum Klettern verwendet wird) solltest du nicht mit einem Kreuzknoten verknüpfen, denn dann hält er nicht sicher.

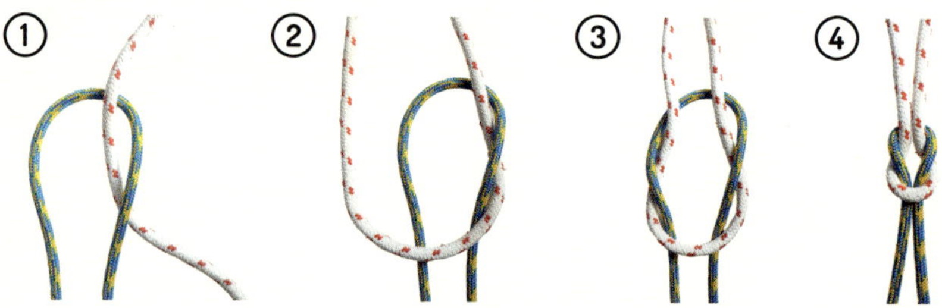

Palstek (beim Klettern heißt er Bulin)

Wofür? Mit diesem Knoten kannst du ein Seil an einem Gegenstand befestigen, zum Beispiel ein Boot an einem Pfahl oder eine Schnur an einem Eimer. Das Gute an diesem Knoten: Er zieht sich auch unter Belastung nicht zu und löst sich auch nicht. Der Palstek heißt auch Rettungsschlinge, Feuerwehrrettungsknoten oder Brustbund. In der Seefahrt ist er der am häufigsten benutzte Knoten und wird deshalb auch „König der Knoten" genannt.

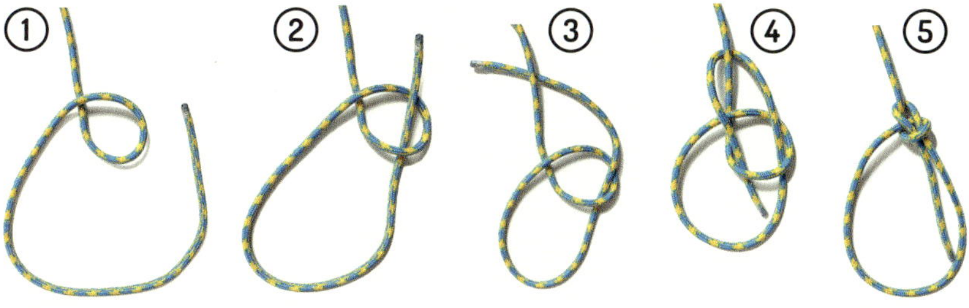

Tipp: Dieser Merkspruch hilft dir beim Knüpfen des Palsteks: „Die Schlange kommt von unten aus dem Teich, wickelt sich um einen Baum, bis sie wieder von oben im Teich verschwinden kann."

Topsegelschotstek

Wofür? Mit diesem Knoten kannst du deine Zeltleinen und die Schnüre deines Planenzeltes spannen. Er lässt sich verstellen und zieht auch unter Zug nicht zu.

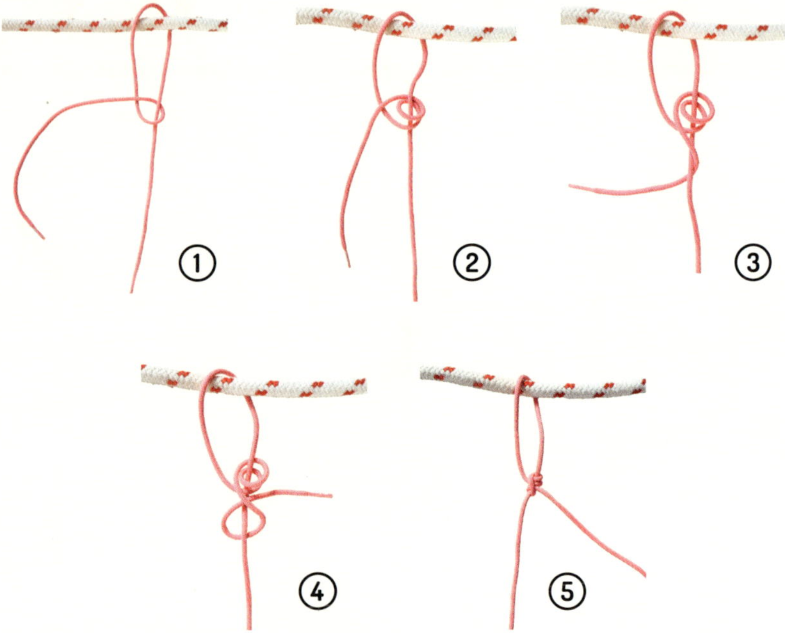

Tipp: Expertinnen und Fachleute vermuten, dass es mehr als 4000 verschiedene Knoten gibt. Hier kannst du schon mal mit den ersten vier beginnen. Lerne die Knoten, bevor du dich auf den Weg in die Natur machst. Übe am besten alle Knoten mit geschlossenen Augen und nassen Seilen und Schnüren.

Schmetterlingsknoten

Wofür? Mit dem Schmetterlingsknoten kannst du eine feste Schlaufe in der Seilmitte knüpfen. Du kannst dir damit zum Beispiel eine Strickleiter knoten und dich damit aus deinem Baumhaus abseilen.

①

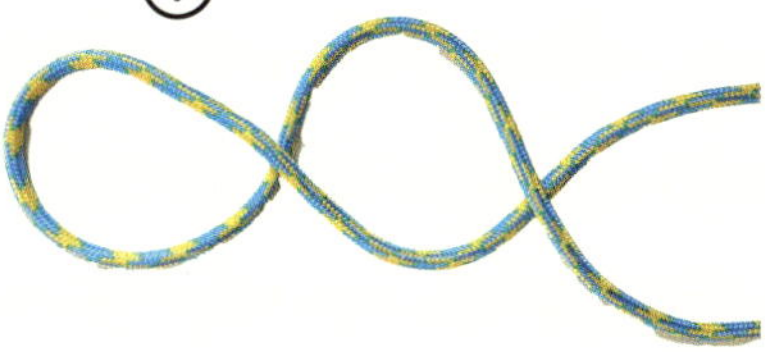

②

③

④

⑤

2. TIERISCHE BEGEGNUNGEN:

Augen auf beim Outdoor-Trip!

DIE HELDEN UNSERER HEIMAT:

Tiere, Pflanzen und Pilze

Lerne auf den folgenden Seiten die Stars unserer heimischen Tier-, Pflanzen- und Pilzwelt kennen. Eine Safari vor deiner Haustür ist fast so aufregend wie eine Expedition durch die afrikanische Serengeti. Etwa 48 000 Tierarten gibt es bei uns. Sie schwimmen, fliegen, rennen, krabbeln, hopsen, schleichen, springen durch unsere Natur. Viele Wildtiere sind scheu. Säugetiere wie Rehe und Wildschweine triffst du deshalb selten. Vögel und Insekten kannst du jedoch mit etwas Geduld schnell entdecken und bestimmen. Neben der Tierwelt gibt es noch etwa 10 000 heimische Pflanzenarten und rund 14 000 Pilzarten. Die Seiten dieses Buches würden nicht ausreichen, alle aufzulisten. Aber einige stellen wir dir auf den folgenden Seiten vor. Viel Spaß!

Schon gewusst?

Alle Tiere dieser Welt lassen sich in zwei Gruppen einteilen: die Wirbellosen und die Wirbeltiere. Die Gruppe der Wirbellosen ist riesig groß. Etwa 96 Prozent aller Tiere gehören zu ihr, zum Beispiel Insekten, Spinnentiere, Schwämme und viele andere. Die restlichen vier Prozent sind Wirbeltiere. Man unterscheidet Säugetiere (wie Mensch und Wolf), Vögel (wie das Rotkehlchen), Fische (wie die Forelle), Amphibien (wie Frösche) sowie Reptilien (wie etwa Schlangen).

Würfelnatter

Mopsfledermaus

Das Sterben der Arten: Viele Tiere und Pflanzen sind bedroht

Allein 7000 heimische Tierarten stehen auf der „Roten Liste der bedrohten Arten“. Sie sind gefährdet oder vom Aussterben bedroht. Verantwortlich dafür sind vor allem wir Menschen. Zum Beispiel roden wir Wälder, bebauen Wiesen und zerschneiden ganze Lebensräume mit Straßen. Wir verschmutzen die Umwelt, und das Klima erwärmt sich aufgrund unseres Lebenswandels. Das alles und noch viel mehr bringt Tiere und Pflanzen in Not. Doch jeder Einzelne kann etwas tun. Auch du!

MACH MIT!
Erkundige dich bei Organisationen, die sich für die Natur und Tiere einsetzen, wie du mithelfen kannst:
www.natur-ranger.de,
www.greenpeace-jugend.de,
www.young-panda.de,
www.bundjugend.de und www.naju.de.

Beispiele für bedrohte heimische Arten:

Fischotter

Gemeine Pelzbiene

Brockenanemone

Jeder kann etwas tun: Werde zum Bienenretter

Bienen und andere Insekten sind vom Aussterben bedroht.
Doch die Sechsbeiner sind wichtig, denn sie bestäuben viele Pflanzen.
Ohne sie gäbe es viel weniger Obst und Gemüse.

So kannst du helfen, die Bienen zu retten:

1. Pflanze blütenreiche Pflanzen wie Thymian und Katzenminze auf dem Balkon oder im Garten. Über dieses leckere Buffet freuen sich alle Insekten.
2. Auch Bienen haben Durst. Stelle Insektentränken auf, zum Beispiel Blumenuntertöpfe.
3. Insekten brauchen Unterschlupf und Nistplätze. Bastle doch ein Insektenhotel. Anleitungen findest du im Internet.
4. Kaufe Biogemüse und Bioobst. Das hilft den Insekten. Denn Bioprodukte werden nicht mit Gift gespritzt.

Waldbesucher gehen wieder – der Müll bleibt!

Warum es so wichtig ist, seinen Müll nicht in der Natur zu lassen und Abfall einzusammeln, siehst du hier.

So lange brauchen weggeworfene Gegenstände, um in der Natur zu verrotten:

Eine Plastikflasche: **450 Jahre**
Eine Glasflasche: **mehrere Hundert Jahre** und länger
Eine Getränkedose: bis **200 Jahre**
Eine Plastiktüte: **120 Jahre** oder länger
Eine Chipstüte: **80 Jahre**
Zigarettenkippen: **10 Jahre**
Kaugummi: **5 Jahre**

Übrigens:
An jedem dritten Samstag im September bist du in bester Gesellschaft beim Abfall aufheben. Denn dann ist „World Cleanup Day" (deutsch: Weltaufräumtag). Menschen in 180 Ländern befreien Straßen, Parks, Strände, Wälder, Flüsse und Meere von Müll.

DEINE SAFARI VOR DER HAUSTÜR

Wenn du durch die Stadt gehst, beachtest du die Verkehrsregeln. Hältst du dich an alle Regeln, kommst sicher durch den Straßendschungel. Doch wie sicher bewegst du dich in der Natur? Ampeln und Straßenschilder sind dort nicht zu sehen. Und dennoch gibt es Regeln. Wenn du sie beachtest, schützt du dich und all die Lebewesen, die im Wald, auf der Wiese, im Bach und im See wohnen.

Die Spielregeln der Natur

Du bist im Wald, in den Bergen, auf den Wiesen, an Flüssen und am Strand nur Gast. Also benimm dich bitte auch so. Du bewegst dich in der Heimat von Herrn Mistkäfer, Frau Wildkatze, Familie Buche, der Steinpilz-Gang und all den anderen Lebewesen.

So machst du es richtig:

1. Störe die Tiere nicht und fasse sie auf keinen Fall an. Auch das Füttern ist verboten.
2. Halte ausreichend Abstand zu Tieren. Freue dich, wenn du sie aus der Ferne beobachten kannst. Extra-Tipp: Mit einem Fernglas holst du dir die Tiere ganz nah heran. Halte Augen und Ohren geöffnet – so kannst du auch kleine Tiere entdecken oder versteckte Lebewesen hören.
3. Bleib auf den Wegen – und gehe nicht querfeldein durch Wald und Wiese. Eine Erle wächst einen Meter pro Jahr. Viele andere Pflanzen nur wenige Zentimeter. So ein junges Pflanzenleben kannst du schnell mit einem Schritt zertrampeln.
4. Pass gut auf, dass du keine Höhlen, Nester oder andere Tierbehausungen zerstörst.
5. Hinterlasse die Natur so, wie du sie (hoffentlich) vorgefunden hast: ohne Müll. Plastiktüten, Dosen und anderer Abfall können tödlich für Tiere sein – und verrotten erst in vielen Jahrzehnten. Wenn andere Leute ihren Abfall in der Natur gelassen haben, hebe ihn auf und nimm ihn mit.
6. Falls du mit Hund unterwegs bist: Führe ihn unbedingt an der Leine. Hunde können Waldtiere verfolgen und zu Tode hetzen.
7. Verhalte dich ruhig, dann erschreckst du die Tiere nicht, vermeide schnelle Bewegungen und trage unauffällige Kleidung.
8. Bringe eine Portion Geduld mit. Wetten, dass dir dann ein schöner Mistkäfer über den Waldweg läuft oder du eine Heuschrecke im Gras entdeckst?

ZEHN HEIMISCHE SÄUGETIERE, DIE DU KENNEN SOLLTEST

Bei uns leben knapp 100 Säugetierarten – vom Wolf über den Igel bis zur Fledermaus. Auch wenn sie unterschiedlicher kaum sein könnten, haben sie doch einiges gemein: Säugetiere, so sagt es schon der Name, säugen ihre Jungen mit Milch und bringen ihren Nachwuchs lebend zur Welt.

Wolf

- 120 Zentimeter lang, 60 bis 90 Zentimeter Schulterhöhe, Fußabdruck 10 bis 14 Zentimeter
- 30 bis 50 Kilogramm
- maximal 13 Jahre
- Grasland und Wälder
- kleine bis große Säugetiere wie Hirsche, Rehe, Wildschweine, Feldhasen, Mäuse, aber auch Vögel

Wölfe waren bei uns ausgestorben. Inzwischen streifen sie wieder durch unsere Wälder.

Entdeckerchance: ●○○○○

Wildschwein

- bis zu 180 Zentimeter vom Kopf bis zum Schwanz
- bis zu 200 Kilogramm
- bis zu 10 Jahre
- Laub- und Mischwälder mit Sumpfgebieten und Lichtungen
- Eicheln, Bucheckern, Wurzeln, Pilze, Insekten, Würmer, kleine Wirbeltiere wie Mäuse, Aas, Eier und kleine Vögel

Das männliche Wildschwein nennt man Keiler, das weibliche Bache. Unsere Hausschweine stammen von diesen borstigen Gesellen ab.

Entdeckerchance: ●●○○○

Legende:

Größe; Gewicht; Lebenserwartung; Lebensraum; Nahrung;
Gut zu wissen; ●○○○○ Entdeckerchance: 1 Punkt = sehr gering, 5 Punkte = sehr hoch.

Außerdem erkennst du Säugetiere an ihrem Fell. (Ja, auch Igel haben Haare: Ihre Stacheln sind verhornte Haare.) Viele der hier vorgestellten Säugetiere sind so scheu, dass du sie vermutlich nicht zu Gesicht bekommen wirst – aber auf diesen Seiten kannst du sie dir ganz genau anschauen.

Fuchs

- bis zu 60 Zentimeter groß und 80 Zentimeter lang, Fußabdruck ungefähr 5 cm lang
- bis zu 6 Kilogramm
- bis zu 15 Jahre
- Wälder, Grasland und Äcker
- Mäuse, Kaninchen, Insekten, Aas, Vögel, Eier, Früchte von Bäumen

Dieses nachtaktive Raubtier ist fast überall auf der Welt heimisch. Und es lebt längst nicht mehr nur in Wäldern, sondern folgt dem Menschen in Dörfer und Städte. Sogar in großen Metropolen wie Berlin, Zürich und Wien ist der Fuchs inzwischen heimisch.

Entdeckerchance: ●●●○○

Wildkatze

- knapp einen Meter lang und somit etwas größer als eine Hauskatze
- bis zu 7 Kilogramm
- bis zu 12 Jahre
- Laub- und Mischwälder
- Mäuse, Ratten, Kaninchen, Vögel, Frösche, Eidechsen und Insekten

Wildkatzen sind keine verwilderten Hauskatzen. Sie sind echte Wildtiere, die sich nicht zähmen lassen.

Entdeckerchance: ●○○○○

Reh

- etwa 90 Zentimeter groß
- bis zu 30 Kilogramm
- bis zu 12 Jahre
- lichte Laub- und Mischwälder
- Gräser, Kräuter, Triebe und Knospen

Ein Rehkitz, also ein Baby-Reh, kann bereits 20 Minuten nach der Geburt laufen. Ein Menschenkind braucht etwa ein Jahr, bis es die ersten Schritte macht.

Entdeckerchance: ●●●○○

Feldhase

- bis zu 60 Zentimeter lang
- bis zu 5 Kilogramm
- bis zu 12 Jahre
- lichte Wälder und Wiesen
- Gräser, Kräuter, Feldfrüchte, Triebe, Knospen und Blätter

Der nachtaktive und scheue Feldhase ist ein Meister der Tarnung und ein Super-Sprinter. Er kann bis zu 70 Kilometer in der Stunde rennen. Das ist so schnell, wie ein Auto auf der Landstraße fährt.

Entdeckerchance: ●●○○○

Eichhörnchen

- 15 bis 20 Zentimeter lang (ohne Schwanz)
- 200 bis 400 Gramm
- bis zu 8 Jahre
- Wälder, Parks, Gärten
- Nüsse, Samen, Eicheln, Pilze, Beeren und Eier

Das Eichhörnchen hält keinen Winterschlaf. Deshalb sammelt es im Herbst Vorräte und versteckt und vergräbt seine Schätze.

Entdeckerchance: ●●●●○

Igel

mit etwa 20 Zentimetern so groß wie ein Kaninchen

bis zu 1,5 Kilogramm

bis zu 7 Jahre

Landschaften mit Hecken

Insekten, Kleinvögel, Eier, Schnecken, Würmer und kleine Säugetiere

Der nachtaktive Igel trägt als einziges Tier einen Stachelpelz. Damit wehrt er Feinde ab.

Entdeckerchance: ●●○○○

Waldspitzmaus

Der Körper ist etwa 8 Zentimeter lang, dazu kommt noch der etwa 4 Zentimeter lange Schwanz.

14 Gramm

bis zu 13 Monate

feuchte Wälder und Wiesen

Insekten, Spinnen, Würmer und Larven

Die Waldspitzmaus ist eine Fressmaschine. Sie futtert Tag und Nacht und verhungert, wenn sie drei Stunden nichts zwischen ihre Beißerchen bekommt.

Entdeckerchance: ●●○○○

Zwergfledermaus

5 Zentimeter groß und damit kleiner als eine Streichholzschachtel

5 Gramm und damit weniger als ein Stück Würfelzucker

etwa 2 Jahre

in engen Mauerspalten in Dörfern und Städten

Insekten

Fledermäuse sind die einzigen Säugetiere, die fliegen können. Die Zwergfledermaus ist die kleinste und häufigste einheimische Fledermausart.

Entdeckerchance: ●●●○○

ZEHN HEIMISCHE VÖGEL, DIE DU KENNEN SOLLTEST

Welcher Vogel fliegt denn da? Und wie heißt der Piepmatz auf dem Ast dort drüben? Wer hat eigentlich auf dem Kirchturm ein Nest gebaut? Mehr als 300 Vogelarten leben bei uns. Ein paar von ihnen stellen wir dir auf diesen Seiten vor. Auch wenn Vögel ganz unterschiedlich aussehen, einige Eigenschaften einen sie: Sie besitzen einen Schnabel, legen Eier und sie haben ein leichtes Skelett. Außerdem schützen ihre Federn sie vor Kälte. Ihr Körper ist zudem immer gleichwarm. Und klar: Sie können fliegen – die allermeisten jedenfalls.

Amsel

- etwa 27 Zentimeter
- etwa 100 Gramm
- Wälder, Parks und Gärten
- Regenwürmer, Schnecken, Insekten, Beeren und Früchte
- baut ihr Nest meist in Bäumen und Sträuchern
- Die Amsel bleibt im Winter bei uns. Du kannst sie also ganzjährig beobachten.

Die Männchen sind schwarz, haben einen gelben Schnabel und orange-gelbe Augenringe; das Gefieder der Weibchen ist braun.

Entdeckerchance: ●●●●●

Star

- etwa 22 Zentimeter
- etwa 80 Gramm
- Wälder, Parks und Gärten
- Insekten, Regenwürmer, Schnecken, Beeren und Obst
- baut sein Nest aus Blättern und Halmen in Höhlen, Spalten und Nischen in Gebäuden und Nistkästen
- Einige Stare bleiben bei uns, andere ziehen im Herbst in Richtung Süden.

Der Star ist ein echter Gesangskünstler. Er kann kreischen wie ein Bussard, bellen wie ein Hund oder knattern wie ein Rasenmäher. Außerdem sind Stare in Schwärmen von bis zu 100 000 Tieren unterwegs.

Entdeckerchance: ●●●●○

Blaumeise

etwa 11 Zentimeter

etwa 12 Gramm

Laub- und Mischwälder, Streuobstwiesen und Gärten

Insekten, Spinnen, Samen, Nüsse und Früchte

baut ihr Nest in Baumhöhlen oder Mauerlöchern

Die Blaumeise bleibt im Winter bei uns, du kannst sie das ganze Jahr beobachten.

Die Blaumeise ist so leicht, dass sie kopfüber im Geäst herumklettern kann.

Entdeckerchance: ●●●●●

Rotkehlchen

etwa 14 Zentimeter

etwa 18 Gramm

Wälder, Parks und Gärten

Würmer, Schnecken, Spinnen, Insekten, Beeren und Früchte

baut napfförmige Nester in Bodenvertiefungen, Böschungen und in hohlen Baumstämmen

Die meisten Rotkehlchen bleiben das gesamte Jahr über da, einige ziehen in wärmere Gefilde.

Bei den beliebten und zutraulichen Rotkehlchen können auch die Weibchen trällern. Das ist bei Singvögeln eher ungewöhnlich.

Entdeckerchance: ●●●●●

Mäusebussard

etwa 57 Zentimeter lang, Flügelspannweite etwa 128 Zentimeter

etwa 900 Gramm

Waldgebiete in der Nähe von Weiden, Wiesen und Feuchtgebieten

Mäuse, junge Vögel, Eidechsen, Frösche, Würmer, Insekten und Aas

baut sein Nest, den Horst, auf hohen Bäumen am Waldrand

Der Bussard bleibt im Winter bei uns. Du kannst ihn also ganzjährig beobachten.

Hat sich ein Mäusebussard-Pärchen gefunden, bleibt es sich ein Leben lang treu.

Entdeckerchance: ●●●●○

Legende: Zugvogel; Infos zum Nachwuchs

Haussperling
(auch Spatz genannt)

- bis etwa 16 Zentimeter
- bis zu 30 Gramm
- in der Nachbarschaft der Menschen, am Stadtrand, in Parks und Gärten
- Körner und Samen; seine Jungen füttert er mit Insekten und Larven
- baut sein Nest in Nischen und Höhlen – am liebsten gemeinsam mit anderen Spatzen
- Der Spatz bleibt im Winter bei uns. Du kannst ihn also ganzjährig beobachten.

Spatzen sind gesellige Kerlchen. Sie suchen in kleinen Trupps nach Nahrung und verbringen auch gemeinsam mit ihren Artgenossen die Nacht. Spatzen leben gerne in der Nähe der Menschen und sind daher nicht sehr scheu.

Entdeckerchance: ●●●●●

Buntspecht

- bis etwa 26 Zentimeter
- etwa 90 Gramm
- Laub- und Nadelwälder, Parks und Gärten
- Insekten, Larven, Fichten- und Kiefernsamen, Früchte und Eier
- baut sein Nest in selbst gezimmerten Höhlen in Bäumen
- Der Buntspecht bleibt im Winter bei uns. Du kannst ihn also das ganze Jahr beobachten.

Auch wenn du den Buntspecht nicht siehst, hören kannst du ihn oft. Er hämmert zuweilen mit seinem Schnabel zwanzigmal in einer Sekunde gegen einen Baum. Warum er das macht? Zum Beispiel, um Nahrung aus der Baumrinde zu hacken oder um sein Revier zu markieren. Kopfweh kriegt er davon übrigens nicht.

Entdeckerchance: ●●●●○

Kuckuck

- bis zu 34 Zentimeter
- bis zu 140 Gramm
- Laub- und Nadelwälder
- Insekten, aber auch Spinnen, Regenwürmer und Tausendfüßer
- baut kein Nest, sondern legt seine Eier in die Nester anderer Vögel
- zieht im Herbst nach Afrika zum Überwintern

Der Kuckuck ist ein Langstreckenflieger. Jedes Jahr legt er bis zu 10 000 Kilometer zurück, um die kalte Jahreszeit im Süden zu verbringen. Dort findet er sein Lieblingsfutter: Insekten.

Entdeckerchance: ●○○○○

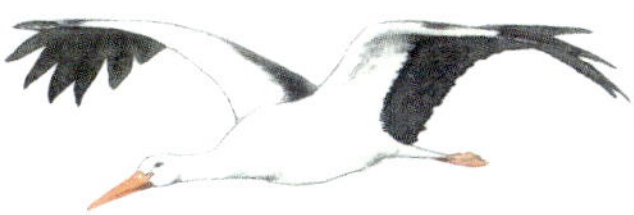

Weißstorch

- bis zu 110 Zentimeter, Flügelspannweite von bis zu 220 Zentimetern
- bis zu 4,5 Kilogramm
- offene Landschaften in der Nähe von Flüssen oder Seen
- Mäuse, Würmer, Insekten, Frösche, Eidechsen, Schlangen, Fische
- baut sein Nest aus Ästen auf Schornsteinen, Masten, Kirchtürmen und Bäumen
- Der Storch fliegt im Spätsommer Richtung Afrika und verbringt den Winter dort.

Er wird auch Klapperstorch genannt, weil er sich mit dem Schnabel klappernd mit Freunden und Feinden verständigt.

Entdeckerchance: ●●●○○

Waldkauz

- bis 42 Zentimeter
- bis etwa 600 Gramm
- Laub- und Mischwälder sowie Parks
- Mäuse, Kaninchen, Eichhörnchen, Vögel, Würmer und Insekten
- baut sein Nest in Baumhöhlen, Felsnischen und an Gebäuden
- Der Waldkauz bleibt im Winter bei uns. Du kannst ihn also ganzjährig beobachten.

Diese nachtaktive Eule ist eine lautlose Jägerin: Sie kann bei fast vollständiger Dunkelheit ihre Beute sehen, dank ihrer großen Augen. Außerdem verfügt sie über ein sehr gutes Gehör.

Entdeckerchance: ●○○○○

FÜNF HEIMISCHE REPTILIEN, DIE DU KENNEN SOLLTEST

Reptilien, auch Kriechtiere genannt, sind echte Sonnenanbeter und mögen es heiß. Deshalb sind sie vor allem in den warmen Regionen der Welt zu Hause. Da das Wetter bei uns vergleichsweise kühl ist, kommen hier nur 14 Arten vor. Reptilien haben schuppige Haut, die aus Horn besteht und vor Verletzungen sowie vor dem Austrocknen schützt. Reptilien sind wechselwarme Tiere, ihre Körpertemperatur passt sich der Umgebung an. Die meisten Kriechtiere legen wie die Vögel Eier. Bei uns in den nördlichen Breiten gibt es jedoch einige Arten, die ihre Jungen lebend zur Welt bringen.

Ringelnatter

- bis zu 130 Zentimeter
- mehr als 300 Gramm
- bis zu 25 Jahre
- Weiher, Tümpel, feuchte Wiesen, langsam fließende Gewässer
- Frösche, Molche, Kröten, Eidechsen, Mäuse und Fische
- Sie legt ihre Eier im Sommer an einen warmen Ort ab; die Jungen schlüpfen im frühen Herbst.

Die Ringelnatter ist unsere häufigste einheimische Schlange. Aber keine Sorge, sie ist nicht giftig und für den Menschen völlig harmlos.

Entdeckerchance: ●●●○○

Kreuzotter

- bis zu 70 Zentimeter
- bis zu 200 Gramm
- bis zu 15 Jahre
- Waldschneisen, Waldränder, Moore, Heiden und Bergwiesen
- Mäuse, Frösche, Vögel, Blindschleichen und Eidechsen
- Das Kreuzotter-Weibchen brütet seine Eier im Körper aus und bringt etwa 20 Jungtiere lebend zur Welt.

Bei uns gibt es zwei giftige Schlangenarten. Die Kreuzotter und die Aspisviper. Die Kreuzotter spritzt über ihre zwei Giftzähne, die wie Kanülen aufgebaut sind, Gift in ihre tierischen Opfer. Wird ein Mensch gebissen, sollte er schnell zum Arzt gehen. Tödlich ist das Gift aber selten.

Entdeckerchance: ●●○○○

Europäische Sumpfschildkröte

Panzerlänge bis zu 23 Zentimeter

etwa 1 Kilogramm

bis zu 100 Jahre

Seen, Sümpfe, Teiche und Bäche mit vielen Wasserpflanzen

Insekten, Schnecken, Würmer, Insektenlarven, Fische, Kaulquappen und Aas

Sie vergräbt ihre Eier ab Juni an einem sonnigen Platz, im Spätsommer schlüpfen die Jungen.

Sie ist die einzige Schildkrötenart, die natürlicherweise bei uns vorkommt. Allerdings ist sie extrem selten und taucht ab, sobald sie sich gestört fühlt. Übrigens: Früher war die Europäische Sumpfschildkröte eine beliebte Speise. Sie wurde in Massen eingefangen und auf Märkten feilgeboten.

Entdeckerchance: ●○○○○

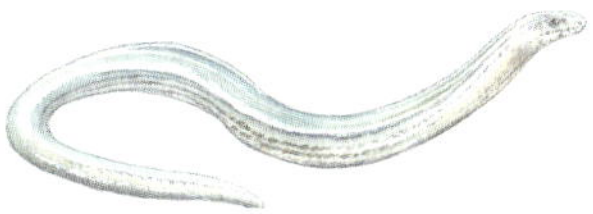

Blindschleiche

etwa 40 Zentimeter

bis zu 30 Gramm

bis zu 40 Jahre

Heide, Hochmoore, Laubwälder, Wiesen und Parks

Regenwürmer, Nacktschnecken, Käfer, Heuschrecken und Raupen

Die Blindschleiche bringt ihre Jungen lebend zur Welt.

Die Blindschleiche sieht mit ihrem beinlosen Körper aus wie eine Schlange, zählt jedoch zu den Echsen. Auch der Name täuscht: Die Blindschleiche ist nicht blind.

Entdeckerchance: ●●○○○

Waldeidechse

etwa 18 Zentimeter

etwa 5 Gramm

bis zu 9 Jahre

Waldränder und Waldlichtungen, Moore, Heiden und Steinbrüche

Insekten und Spinnen

Die Waldeidechse bringt ihre Jungen lebend zur Welt.

Die Waldeidechse ist die kleinste Eidechsenart in Deutschland. Sie kommt auch in kälteren Regionen vor sowie in den Bergen, wo andere Reptilien nicht überleben würden.

Entdeckerchance: ●●●○○

FÜNF HEIMISCHE AMPHIBIEN, DIE DU KENNEN SOLLTEST

Amphibien, auch Lurche genannt, führen buchstäblich ein Doppelleben. In jungen Jahren, als Larven, schwimmen sie im Wasser und atmen mit Kiemen. Später entwickeln sie Lungen und meistens auch Beine. Diese Verwandlung nennt man Metamorphose. Jetzt können Frösche, Kröten, Unken, Molche und Salamander auch an Land überleben. Trotzdem ist die Nähe zum Wasser für Amphibien wichtig, denn ihre schleimige Haut darf niemals austrocknen. Bei uns leben 21 Amphibienarten. Fünf stellen wir dir vor.

Erdkröte

15 Zentimeter

bis zu 50 Gramm

bis zu 12 Jahre

Wälder, Weiden, Wiesen, Hecken und Gärten

Würmer, Schnecken, Asseln, Spinnen und Insekten

Der Laich besteht aus bis zu 6000 Eiern.

In den Nächten im Frühling beginnen Erdkröten zu wandern – von ihrem Winterquartier zum Laichgewässer. Sie legen ihre Eier nämlich an genau dem See oder Tümpel ab, in dem sie selbst geboren wurden. Ihre Wanderung ist aber gefährlich, da sie dabei Straßen überqueren

Entdeckerchance: ●●●○○

Laubfrosch

5 Zentimeter

10 Gramm

bis zu 5 Jahre

in und an sonnigen Weihern, Teichen und Tümpeln sowie in Auwäldern

Insekten wie Mücken, Fliegen und Käfer sowie Spinnen

Das Laubfroschweibchen legt im Mai seine Eier im flachen Wasser ab. Daraus schlüpfen Larven, die Kaulquappen genannt werden.

Liebeslieder für die Laubfroschdamen: In der Balzzeit quaken die meist grasgrünen Laubfroschmännchen bis zu 90 Dezibel laut. So viel Krach macht ein vorbeifahrender Lastkraftwagen.

Entdeckerchance: ●●●○○

Rotbauchunke

- bis zu 5 Zentimeter
- bis zu 14 Gramm
- bis zu 3 Jahre
- Seen, Teiche, Sümpfe und leicht fließende Gewässer
- Wasserinsekten sowie Spinnen, Larven, Würmer und Käfer
- legt etwa 300 Eier im flachen Wasser ab.

Bei Gefahr machen sie ein Hohlkreuz, biegen ihre Wirbelsäule nach unten durch und strecken alle Gliedmaßen nach oben. In dieser Warnhaltung wird ihre grellrote Unterseite sichtbar, die sagt: „Achtung, Fressfeind! Ich bin giftig."

Entdeckerchance: ●●○○○

Feuersalamander

- bis zu 18 Zentimeter
- etwa 40 Gramm
- bis zu 20 Jahre
- Laub- und Mischwälder
- Nacktschnecken, Spinnen, Tausendfüßer, Käfer und Raupen
- Das Weibchen setzt im März oder April etwa 70 Larven in Bächen ab.

Früher glaubten die Menschen, dass man mit dem Gift aus den Drüsen des Feuersalamanders Feuer löschen kann. Daher hat das Amphib seinen Namen. Tatsächlich sondert es aus den Drüsen der Haut bei Stress einen Schleim ab. Für uns Menschen ist er nicht giftig, aber die Wirkung kann unangenehm sein.

Entdeckerchance: ●●○○○

Teichmolch

- bis zu 11 Zentimeter
- etwa 3 Gramm
- bis zu 5 Jahre
- Teiche, Tümpel und langsam fließende Bäche
- an Land: Insekten, Würmer und Schnecken; im Wasser: Wasserflöhe, Mückenlarven und Eier anderer Amphibien
- Das Weibchen legt in langsam fließenden Gewässern etwa 300 Eier ab.

Der Teichmolch ist einer der häufigsten heimischen Schwanzlurche und steht nicht auf der Liste der bedrohten Tierarten.

Entdeckerchance: ●●●○○

15 HEIMISCHE INSEKTENARTEN, DIE DU KENNEN SOLLTEST

Insekten sind faszinierende Wesen, sie leben in fast allen Gebieten der Erde und bilden mit weltweit über einer Million Arten die größte Tiergruppe der Welt. Auch wenn sie unterschiedlicher kaum sein könnten, haben sie einige Merkmale gemeinsam. Sie haben ein robustes Außenskelett, eine Art Rüstung. Außerdem besitzen sie sechs Beine und einen dreigeteilten Körper mit Kopf, Brust und Hinterleib. Bei uns kannst du etwa 33 000 Insektenarten entdecken. Alle zu kennen, das schaffen nicht mal echte Profis. Wir haben 15 davon ausgesucht, die du im Wald, auf der Wiese oder auf dem Balkon beobachten kannst.

Admiral

- bis zu 6 Zentimeter
- Gärten, Wiesen und Waldränder
- Nektar sowie Fallobst
- entwickelt sich vom Ei zur Raupe, zur Puppe, zum Falter

Der Admiral-Schmetterling ist ein echter Langstreckenflieger. Er legt bei seinem Flug in den sonnigen Süden jedes Jahr über tausend Kilometer zurück.

Entdeckerchance: ●●●●○

Schwalbenschwanz

- bis zu 9 Zentimeter
- auf blütenreichen Wiesen und in Gärten
- Nektar
- entwickelt sich vom Ei zur Raupe, zur Puppe, zum Falter

Der Schwalbenschwanz ist eine der größten heimischen Schmetterlingsarten. Er hat an den Hinterflügeln kurze Schwänzchen, die an eine Schwalbe erinnern. Daher kommt sein Name.

Entdeckerchance: ●●●○○

Tagpfauenauge

bis zu 5 Zentimeter

Wälder und Parks, in denen Brennnesseln wachsen

Nektar und Pollen von unterschiedlichen Pflanzen wie Huflattich, Klee, Disteln und Flieder

entwickelt sich vom Ei zur Raupe, zur Puppe, zum Falter

Dieser Schmetterling hat einen super Trick zur Abschreckung von Fressfeinden auf Lager. Klappt er seine Flügel auseinander, sind zwei große Augenpaare zu sehen. Das soll Fressfeinde täuschen. Diese sollen erschrecken und denken, dass ein großes Tier vor ihnen sitzt.

Entdeckerchance: ●●●●○

Zitronenfalter

bis zu 5 Zentimeter

Wälder, Waldränder, auf blütenreichen Wiesen, in Gärten und Parks

Nektar verschiedener Pflanzen

entwickelt sich vom Ei zur Raupe, zur Puppe, zum Falter

Die meisten Schmetterlinge überwintern als Raupe oder Puppe. Nur wenige überstehen als Schmetterling den Winter. Zum Beispiel der Zitronenfalter. Seine Körperflüssigkeit friert bei Minustemperaturen nicht ein, weil er mit einer Art Frostschutzmittel ausgestattet ist.

Entdeckerchance: ●●●●○

Tauben-schwänzchen

bis zu 5 Zentimeter

auf Wiesen, in Gärten und Parks

Nektar

entwickelt sich vom Ei zur Raupe, zur Puppe, zum Falter

Das Taubenschwänzchen fliegt so schnell und wendig, dass man meinen könnte, es sei ein Kolibri, also ein Vogel. Tatsächlich ist es aber ein Nachtfalter, der mit seinem drei Zentimeter langen Saugrüssel von Blüte zu Blüte schwirrt. Und weil der Schmetterling so aktiv ist, frisst er täglich das Doppelte seines Körpergewichts.

Entdeckerchance: ●●●●○

Gemeine Wespe

bis zu 1,7 Zentimeter

Misch- und Auwälder, Streuobstwiesen und Parks, Gärten und Balkone

Blütennektar, Honigtau der Blattläuse, Obst

entwickelt sich vom Ei zur Larve, zur Puppe in Waben, zum geflügelten Insekt

Es gibt bei uns etwa 600 Wespenarten. Die Gemeine Wespe begegnet uns am häufigsten. Auch wenn manche Menschen das nervig finden: Wespen sind vor allem nützlich. Zum Beispiel bestäuben sie die Blüten von Obstbäumen und sorgen somit für eine reiche Obsternte.

Entdeckerchance: ●●●●●

Hornisse

bis zu 3 Zentimeter

in einem Staat mit Nest in hohlen Räumen oder im Dachgebälk

andere Insekten, Nektar, Fallobst und Baumsäfte

entwickelt sich vom Ei zur Larve, zur Puppe in Waben, zum geflügelten Insekt

Hornissen gehören zu den Wespen und sehen auch so aus – nur größer. Diese Insekten sind friedfertige Tiere, die nie grundlos angreifen. Sie stechen nur, wenn sie sich bedroht fühlen. Ein Hornissenstich ist zwar schmerzhaft, aber nicht gefährlicher als der Stich einer Biene oder einer Wespe.

Entdeckerchance: ●●○○○

Westliche Honigbiene

bis zu 1,8 Zentimeter

Bienenstöcke, Wiesen, Felder

Nektar und Pollen von Blütenpflanzen

entwickelt sich vom Ei zur Larve, zur Puppe in Waben, zum geflügelten Insekt

Bei uns surren etwa 550 Bienenarten durch die Luft. Die Westliche Honigbiene ist die bekannteste. Denn sie macht Honig für uns.

Entdeckerchance: ●●●●●

Siebenpunkt-marienkäfer

bis 8 Millimeter

Gärten, Parks und auf Wiesen

andere Insekten, etwa Blattläuse

entwickelt sich vom Ei zur Larve, zur Puppe in Waben, zum geflügelten Insekt

Siebenpunkt-Marienkäfer sind Glücksbringer, denn die Zahl „7" gilt als Glückszahl. Weniger glücklich sind Vögel, Eidechsen und Frösche, wenn sie mal einen Marienkäfer futtern. Der schmeckt nämlich bitter. Die rote Farbe wirkt normalerweise auch abschreckend auf Fressfeinde.

Entdeckerchance: ●●●●●

Gartenhummel

bis 2,6 Zentimeter

Wälder, an Waldrändern, auf Wiesen, in Parks und Gärten

Nektar

entwickelt sich vom Ei zur Larve, zur Puppe in Tönnchen (Waben), zum geflügelten Insekt

Die Gartenhummel gehört, wie die anderen 41 heimischen Hummelarten, zu den Bienen und ist ein friedliebendes Insekt: Sie wirkt mit ihrem dicken und bunten Pelz etwas plump. Wie alle anderen Bienenarten ist sie unersetzlich bei der Bestäubung vieler Pflanzen.

Entdeckerchance: ●●●●○

Feldmaikäfer

bis zu 3 Zentimeter

Laubwälder, Waldränder, Felder und Gärten

Blätter von Bäumen

entwickelt sich vom Ei zur Larve, zur Puppe, zum geflügelten Insekt

Die Larven der Maikäfer werden auch Engerlinge genannt und leben drei bis vier Jahre unter der Erde. Dort fressen sie sich mit Pflanzenwurzeln satt und verpuppen sich in ihrem letzten Untergrundjahr im Frühling. Erst dann schlüpfen sie und schwärmen als fliegende Insekten aus. Ihr Leben in der Luft ist viel kürzer als das im Boden – maximal sieben Wochen.

Entdeckerchance: ●●●○○

Hirschkäfer

bis zu 9 Zentimeter

Wälder und Parks

zuckerhaltige Säfte von Bäumen

entwickelt sich vom Ei zur Larve, zur Puppe, zum geflügelten Insekt

Die Männchen der größten Käferart Europas kämpfen wie Gladiatoren in der Arena. Mit ihren „Geweihen" stoßen und schubsen sie einander. Das stärkere Käfermännchen gewinnt nicht nur den Streit, sondern auch die Gunst der umworbenen Käferdame und darf sich mit ihr paaren.

Entdeckerchance: ●●○○○

EXTRA-WISSEN

Nicht nur in Asien oder Mittelamerika sind Insekten eine Delikatesse. Auch bei uns wurden früher Sechsbeiner gegessen: zum Beispiel Maikäfer. Aus ihnen machte man zum Beispiel einen Nachtisch. Dazu legte man sie in Honig ein oder bestreute sie mit Puderzucker.

Gemeine Stechmücke

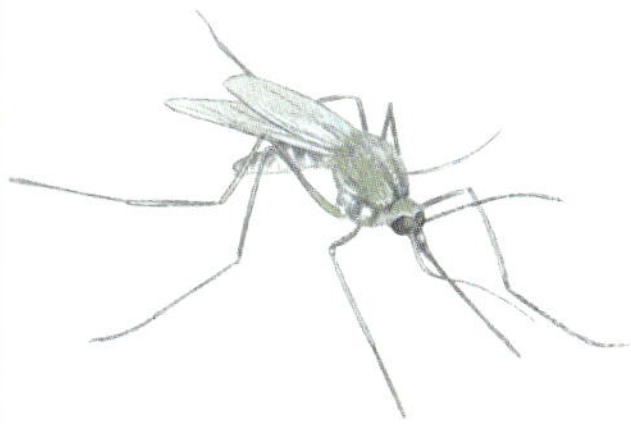

bis zu 7 Millimeter

stille Gewässer, Regentonnen und Pfützen

Nektar und Blut von Vögeln und Säugetieren wie dem Menschen

entwickelt sich vom Ei zur Larve, zur Puppe im Wasser, zum geflügelten Insekt

Nach der Paarung mit einem Männchen brauchen die Weibchen Blut, um Eier bilden zu können. Deshalb setzen sie sich – am liebsten bei Dämmerung – auf unsere Arme oder Beine, stechen mit ihren Rüsseln zu und saugen unser Blut.

Entdeckerchance: ●●●●●

Grünes Heupferd

bis etwa 4 Zentimeter

Wiesen, Waldränder, Parks und Gärten

andere Insekten, deren Larven, verletzte Artgenossen und gelegentlich auch Pflanzen

entwickelt sich vom Ei zur Larve und zum geflügelten Insekt

Das grüne Heupferd ist die größte heimische Heuschrecke. Typisch ist ihr „Gesang" oder besser gesagt das Zirpen, das bis zu 100 Meter weit zu hören ist. Allerdings geben nur die männlichen Tiere diese Töne von sich.

Entdeckerchance: ●●●●○

Große Königslibelle

bis zu 8 Zentimeter

Teiche, Tümpel, kleine Seen

andere Insekten und Larven von Mücken

entwickelt sich vom Ei zur Larve und zum geflügelten Insekt

Die große Königslibelle ist die größte heimische Libellenart. Das farbenprächtige Insekt fängt seine Beute im Flug und benutzt dabei seine Beine wie einen Fangkorb.

Entdeckerchance: ●●●○○

FÜNF HEIMISCHE SPINNEN, DIE DU KENNEN SOLLTEST

Die Tiere, die wir dir auf den nächsten Seiten vorstellen, gehören wahrscheinlich nicht zu deinen Lieblingen, oder? Es lohnt sich jedoch, die nützlichen Krabbler kennenzulernen. Versprochen! So erkennst du Spinnentiere: Sie haben acht Beine und im Gegensatz zu Insekten weder Fühler noch Flügel. Etwa 1000 Spinnenarten gibt es bei uns, fünf stellen wir hier vor.
Übrigens: Spinnen sind mehr oder weniger giftig – für ihre Feinde. Für uns Menschen ist der Biss einer heimischen Spinnen meist harmlos.

Gartenkreuzspinne

- bis zu 2 Zentimeter Körpergröße ohne Beine
- Wälder, Wiesen, Gärten und Parks
- Insekten wie Blattläuse, Käfer, Fliegen, Hummeln, Wespen, Bienen und Schmetterlinge

Die Gartenkreuzspinne lebt am seidenen Faden: Sie kann nämlich ein wunderschönes Netz weben. Innerhalb von weniger als einer Stunde baut sie dieses Meisterwerk und produziert dafür 20 Meter Faden.

Entdeckerchance: ●●●●○

Weberknecht

(Schuster, Schneider, Langbein oder Habergeiß)

- bis zu 2 Zentimeter Körpergröße, die Beine können 15-mal so lang sein
- Heide, Moore, Wälder und Wiesen
- tote und lebendige Insekten

Es gibt bei uns etwa 40 veschiedene Weberknechtarten. Sie können ihre langen Beine wie ein Lasso um einen Grashalm schlingen. Außerdem besitzen sie Stinkdrüsen, die sie einsetzen, wenn sie angegriffen werden. Sie gehören zu den Spinnentieren. Sie haben zwar wie die Spinnen auch acht Beine, aber keine Drüsen, um Spinnennetze zu bauen. Außerdem ist ihr Vorder- und Hinterkörper zusammengewachsen und nicht deutlich voneinander getrennt wie bei den echten Spinnen.

Entdeckerchance: ●●●●○

Gemeiner Holzbock

vor der Mahlzeit: 4 Millimeter Körperlänge ohne Beine; nach der Mahlzeit: 1 Zentimeter und mehr

im Wald und an Waldrändern, in Wiesen und Gärten

Blut von Säugetieren und Menschen

Der Gemeine Holzbock ist eine von 15 Zeckenarten, die bei uns vorkommen – und für die meisten Zeckenstiche verantwortlich. Zecken sind Spinnentiere. Der gemeine Holzbock wartet an Gräsern und Blättern auf seine Opfer. Kommt zum Beispiel ein Mensch oder ein anderes Säugetier vorbei, lässt er sich einfach abstreifen und von seinem Opfer mitnehmen. Jetzt zeckt er sich fest, bohrt seinen Rüssel in die Haut und spuckt Betäubungsmittel in die Wunde. Den Stich einer Zecke spürt man deshalb nicht.

Entdeckerchance: ●●●●○

Dunkle Wolfsspinne

bis zu 8 Millimeter Körperlänge ohne Beine

Sümpfe, Fluss- und Bachufer, Wiesen, Feuchtwälder und Waldränder

kleine Insekten wie Blattläuse

Die Weibchen der Wolfsspinnen sind richtig vorsichtige Helikoptermütter: Sie tragen den geschlüpften Nachwuchs eine Weile auf ihrem Rücken spazieren. Während dieser Zeit gehen die Spinnenmamas nicht auf Beutejagd – das wäre zu gefährlich für die kleinen Achtbeiner.

Entdeckerchance: ●●●●○

Große Winkelspinne
(auch Kellerspinne genannt)

bis zu 1,6 Zentimeter Körperlänge ohne Beine

Höhlen, Stollen, hohle Bäume und dunkle und kühle Orte menschlicher Behausungen (Zimmerecke, Keller, unter dem Sofa)

Fliegen, Silberfische, Asseln und andere Spinnen

Diese nachtaktive Spinnenart ist für den Menschen nicht gefährlich. Die Männchen der Großen Winkelspinne müssen allerdings aufpassen: Es gibt Weibchen, die lieber die Männchen auffressen, als sich mit ihnen zu paaren.

Entdeckerchance: ●●●●○

15 HEIMISCHE BÄUME, DIE DU KENNEN SOLLTEST

Bäume sind nicht nur wunderschön, sondern auch lebenswichtig. Sie produzieren frische Luft, sauberes Wasser und liefern Holz. Sie bieten Tieren Lebensraum, Nahrung und Schutz. Und was gibt es Schöneres, als durch einen Wald zu streunen? Wusstest du, dass in Deutschland etwa 90 Milliarden Bäume wachsen, ein Drittel der Fläche mit Wald bedeckt ist und es insgesamt etwa 80 heimische Baumarten gibt?

Stieleiche

- bis zu 40 Meter
- bis zu 1000 Jahre
- Au- und Mischwälder

Es gibt etwa 600 Eichenarten weltweit. Bei uns sind Stiel- und Traubeneiche am verbreitetsten. Eichen sind bei den anderen Waldbewohnern beliebt: Für über 1000 Tier- und Pflanzenarten bedeuten sie Lebensraum und Nahrungsquelle.

Linde

- bis zu 35 Meter
- bis zu 1000 Jahre
- Laubwälder, Parks, Gärten, Alleen und an Straßen

Die Linde ist seit jeher eine der beliebtesten heimischen Baumarten: In jedem Dorf gab es früher eine Linde, unter deren Blätterdach sich alle trafen. Unter ihr wurde getanzt und geküsst, Streit geschlichtet, vermittelt und Urteile über Verbrecher gefällt.

Gemeine Kiefer
auch Waldkiefer

bis zu 50 Meter

bis zu 600 Jahre

Sanddünen, am Rande von Mooren, Mischwälder, Parks und Gärten

Die immergrüne Waldkiefer ist eine echte Überlebenskünstlerin. Sie ist anspruchslos und kann auch an sehr trockenen Standorten überleben. Ihr Geheimnis sind ihre Wurzeln, die sich bis zu acht Meter tief in die Erde bohren.

Douglasie

bis zu 60 Meter

bis zu 600 Jahre

Wälder, Parkanlagen, Gebirge

Dieser immergrüne Nadelbaum stammt ursprünglich aus Nordamerika. Ein schottischer Biologe namens David Douglas führte ihn nach Europa ein – und steht Pate für seinen Namen. Weil die Douglasie ziemlich anspruchslos ist, wird sie in unseren Wäldern immer häufiger gepflanzt. Wie du eine Douglasie erkennst? Zerreibe mit deinen Fingern ihre Nadeln. Sie riechen jetzt wunderbar nach Zitrone und Orange.

Rotbuche

bis zu 35 Meter

bis zu 300 Jahre

Laub- und Mischwälder, Parks und Gärten

Lecker: Im Frühjahr kannst du die jungen Blätter und Triebe der Buche essen – aber bitte nur in Maßen. Sie schmecken leicht säuerlich und sind köstlich im Salat. Pflücke sie aber nur, wenn du dir hundertprozentig sicher bist, dass du vor einer Buche stehst. Es gibt nämlich auch Blätter von Bäumen, die giftig sind.

Europäische Lärche

bis zu 50 Meter

bis zu 800 Jahre

Wälder und Hochgebirge bis 2500 Meter

Das Nadelkleid der Lärche verfärbt sich im Herbst gelb, im Winter wirft die Lärche ihre Nadeln ab – als einziger heimischer Nadelbaum. Alle anderen Nadelbäume sind immergrün. Die Lärche ist sehr zäh, ihr machen weder Temperaturen von minus 40 Grad noch große Hitze etwas aus.

Gemeine Esche

bis zu 40 Meter

bis zu 300 Jahre

Steilhänge, Täler, an Flüssen und Auen

Das Holz der Esche gehört zu den wertvollsten Hölzern und ist deshalb sehr begehrt. Weil es sehr elastisch ist, werden aus ihrem Holz Sportgeräte wie Ski, Schlitten, Speere und Bögen gefertigt. Leider sind diese schönen Laubbäume vom Aussterben bedroht. Vor allem ein Pilz, das Falsche Weiße Stengelbecherchen, ist dafür verantwortlich.

EXTRA-WISSEN

Rinde

Die Rinde der Bäume ist wie ihre Haut. Sie schützt vor Ungeziefer, Wärme und Kälte, aber sie speichert auch Nährstoffe. Die Rinde besteht aus drei Schichten. Das innere Kambium sorgt dafür, dass der Baum dicker und somit stärker und stabiler werden kann. Der Bast, die mittlere Schicht, leitet Wasser und Nährstoffe von den Wurzeln in die Krone. Die äußere Schicht nennt man Borke. Sie besteht aus Kork und abgestorbenem Bast. Sie schützt den Baum vor Wärme und Kälte, Regen und Wind. Das, was wir sehen und oft als Rinde bezeichnen, ist also eigentlich nur die Borke.

Erle

bis zu 30 Meter

bis zu 120 Jahre

Bachläufe, Seeufer, Auen

Die Erle liebt nasse Füße: Überall dort, wo es feucht ist, lebt sie und kann sogar unter Wasser Wurzeln bilden. Kein Wunder, dass ihr Holz unter Wasser gut haltbar ist: Die Städte Venedig und Alt-Amsterdam stehen teilweise auf Erlenstämmen.

Gemeine Fichte

auch Rotfichte

30 bis 50 Meter

bis zu 300 Jahre alt

Wälder bis 2000 Meter Höhe, Parks, Gärten und Friedhöfe, feuchte, kühle Gebirgslagen

Die immergrüne Fichte ist unsere häufigste Baumart. Sie wächst schnell und ist deshalb bei Waldbesitzern und in der Forstwirtschaft beliebt. Die zunehmende Trockenheit durch den Klimawandel macht ihr zu schaffen. Die Wurzeln der Fichte gehen nicht tief in den Boden, sondern nur flach. Das nutzt der Borkenkäfer aus und befällt die geschwächten Fichten. Unterscheiden kannst du die Fichte von der Tanne ganz einfach: Die Fichtenzapfen hängen am Ast herunter, die Tannenzapfen dagegen wachsen aufrecht.

Weißtanne

bis zu 50 Meter

bis zu 600 Jahre

Wälder und Gebirge

Die Tanne ist einer unserer bekanntesten heimischen Nadelbäume. Allerdings kommt sie längst nicht so häufig vor wie die Fichte. Die Zapfen der Tanne stehen aufrecht am Zweig – so wie Kerzen am Weihnachtsbaum und fallen nie als Ganzes auf den Waldboden, sondern sie zerfallen. Die Zapfen, die du auf dem Waldboden findest, sind meist Fichtenzapfen. Unterscheiden kann man Tanne und Fichte auch an ihren Nadeln mit diesem Merkspruch: „Fichte sticht – Tanne nicht".

Hängebirke
auch
Weißbirke oder Sandbirke

bis zu 30 Meter

bis zu 100 Jahre

Mischwälder, Heiden und Moore

Eine Birke ist so eine Art Tante-Emma-Laden. Denn wie ein kleines Geschäft hat auch dieser Baum allerhand im Angebot: Aus ihrem Saft kannst du Leim herstellen, also Klebstoff. Aus ihren Blättern kann man Shampoo machen, das gegen Haarausfall hilft. Außerdem ist die Rinde der Birke eine perfekte Hilfe beim Feuermachen.

Bergahorn

bis zu 30 Meter

bis zu 600 Jahre

Laubmischwälder bis 2000 Meter

Diese Ahornart wächst, wie der Name schon sagt, am liebsten in höheren Lagen. Ihre geflügelten Früchte, die paarweise verbunden sind, haben die Form von kleinen Propellern. Darin stecken die Samen. Praktisch, denn so können die Samen mehrere Hundert Meter weit fliegen und an ihrem Landeplatz zu einem neuen Baum heranwachsen.

EXTRA-WISSEN
Wurzeln

Jeder Baum hat noch ein unterirdisches Leben: Tief in den Waldboden hinein reichen seine Wurzeln. Diese versorgen den Baum mit Wasser und Nährstoffen, die bis in die Spitzen der Äste und in die Baumkrone transportiert werden. Außerdem verankern die Wurzeln den Baum auch tief in der Erde, damit er bei einem Sturm oder starkem Regen nicht so leicht umfällt.

Apfelbaum

bis zu 10 Meter

bis zu 100 Jahre

wächst fast überall, da er sehr anpassungsfähig ist

Bereits im sechsten Jahrhundert pflanzten und züchteten die alten Römer Apfelbäume. Heute gibt es weltweit mehr als 30 000 Sorten, allein bei uns etwa 200. Zu den beliebtesten heimischen Apfelsorten gehören Elstar, Braeburn und Jonagold.

Vogelkirsche

auch Wild- oder Waldkirsche

bis zu 20 Meter

etwa 100 Jahre

am Rand von Laub- und Mischwäldern

Die wilde Vogelkirsche ist die Urform der Süßkirschenbäume. Sie kann im Frühjahr bis zu einer Million weiße Blüten tragen – und lockt so Insekten an. Im Sommer, wenn die kleinen, säuerlichen Kirschen reif sind, ist das ein Festmahl für Vögel. Daher kommt auch der Name.

Birnbaum

bis zu 20 Meter

bis zu 200 Jahre

warme, sonnige Orte an Waldrändern und Wiesen

Birnbäume gehören zu den Rosengewächsen und sind eng mit Apfelbäumen verwandt. Es gibt viele verschiedene Sorten, etwa Williams Christ, Abate und Gute Graue. Sie alle stammen von wildwachsenden Birnbäumen ab.

ZEHN HEIMISCHE PILZE, DIE DU KENNEN SOLLTEST

Im Sommer und Herbst sind die Chancen, Pilze in der Natur zu entdecken, am größten. Dann schießen sie buchstäblich wie Pilze aus dem Boden. Ob wohl Mykologen, also Wissenschaftler, die Pilzen erforschen, alle 13 000 heimischen Arten kennen? Wohl kaum. Hier stellen wir dir zehn Arten vor, die du auf deinen Exkursionen entdecken kannst!

Gemeiner Steinpilz

auch Herrenpilz

Stiel: bis zu 20 Zentimeter,
Hut: bis zu 15 Zentimeter

Laub- und Nadelwälder, in der Nähe von Fichten, auch neben Buchen, Eichen, Kastanien, Linden und Tannen

essbar

Der gemeine Steinpilz hat – im Gegensatz zu anderen Pilzen – sehr festes Fleisch. Daher hat er seinen Namen. Steinpilze findest du von Juli bis Oktober. Du kannst Steinpilze auch trocknen – Und sie dann das ganze Jahr über genießen.

Entdeckerchance: ●●●●○

Wiesen-Champignon

(auch Wiesen-Egerling)

Stiel: bis zu 7 Zentimeter,
Hut: bis zu 10 Zentimeter

Wiesen, Weiden und Pferdekoppeln

essbar

Es gibt weltweit etwa 180 Arten von Champignons. Diese Pilze bestehen zu 90 Prozent aus Wasser – wir Menschen zu etwa 70 Prozent. Vorsicht: Den Wiesenchampignon kannst du leicht mit anderen, giftigen Pilzen verwechseln, zum Beispiel mit dem giftigen Karbolchampignon.

Entdeckerchance: ●●●○○

Die Texte auf diesen Seiten geben dir erste Informationen über die faszinierende Welt der Pilze. Sie sind aber nicht geeignet, um Pilze zu bestimmen. Dazu braucht es viel Erfahrung. Deshalb gilt: Ernte und iss niemals gefundene Pilze ohne eine Pilzexpertin oder einen Pilzfachmann an deiner Seite. Denn schon wenige Gramm können tödlich sein.

Grüner Knollenblätterpilz

auch Grüner Mörder oder Grüner Gift-Wulstling

Stiel: bis zu 15 Zentimeter,
Hut: bis zu 15 Zentimeter

Laubwälder, Parks und Gärten

tödlich giftig

Auf Englisch heißt der Grüne Knollenblätterpilz übrigens „Death Cap" (sprich: Däff Käp). Das heißt ins Deutsche übersetzt: Todeshut. Also: Finger weg von diesem Kerlchen. Schon der Verzehr von wenigen Gramm Knollenblätterpilz reicht aus, um an einer Pilzvergiftung zu sterben.

Entdeckerchance: ●●●○○

Parasol

auch Riesenschirmling

Stiel: bis zu 40 Zentimeter,
Hut: bis zu 30 Zentimeter

Laub- und Nadelwälder, an Wegrändern, Waldwegen und Lichtungen

essbar

Es gibt etwa 50 Schirmpilzarten, der Parasol ist der Bekannteste. Der Name Parasol leitet sich vom französischen Wort für Sonnenschirm ab. Ein guter Name, denn dieser Pilz sieht tatsächlich so aus. Jedenfalls im „erwachsenen" Zustand. Als junger Pilz ist er kugelig-eiförmig. Achtung: Auch beim Parasol besteht Verwechslungsgefahr, zum Beispiel mit dem Gift-Safranschirmling.

Entdeckerchance: ●●●●○

EXTRA-WISSEN

Das größte Lebewesen der Welt ist weder ein Wal noch ein Mammutbaum, sondern ein Pilz. Genauer gesagt ein Hallimasch. Der lebt in einem Nationalpark in Oregon, USA und wiegt etwa so viel wie 900 kleine Autos, ist so groß wie 1260 Fußballfelder und etwa 2400 Jahre alt.

Fliegenpilz

Stiel: bis zu 20 Zentimeter,
Hut: bis zu 15 Zentimeter

Nadel- und Laubwälder

giftig

Dieser (giftige) Pilz ist wunderschön und einzigartig – deshalb kennt ihn jedes Kind. Woher er seinen Namen hat: Früher hat man kleine Stücke dieses Pilzes in ein Schälchen mit Milch gelegt, um Stubenfliegen anzulocken. Haben diese von der Milch genascht, wurden sie vom Gift des Pilzes betäubt.

Entdeckerchance: ●●●●●

Echter Pfifferling

auch Eierschwamm

Stiel: bis zu 6 Zentimeter,
Hut: bis 8 Zentimeter

Laub- und Nadelwälder

essbar

Der Pfifferling verdankt seinen Namen seinem pfeffrigen Geschmack. Kein Wunder, dass er im Mittelalter „Pfefferling“ genannt wurde.

Entdeckerchance: ●●○○○

Rundmorchel

auch Speisemorchel

etwa 12 Zentimeter hoch,
bis zu 8 Zentimeter breit

Auwälder und Bäche

essbar

Rundmorcheln sind eine sehr kostbare Spezialität. Sie wachsen in der Nähe von Eschen. Weil es immer weniger Eschen gibt, verschwinden auch die Rundmorcheln.

Entdeckerchance: ●●○○○

Herbsttrompete

auch Totentrompete

Stiel: bis zu 12 Zentimeter;
Hut: bis zu 8 Zentimeter

Laubwälder

essbar

Dieser Pilz wächst, wie der erste Name andeutet, im Herbst und schmeckt lecker. Auch wenn sein Zweitname „Totentrompete", der von seiner dunkelgrauen bis schwarzen Farbe kommt, anderes vermuten lässt.

Entdeckerchance: ●●●○○

EXTRA-WISSEN

Ein Pilz ist weder ein Tier noch eine Pflanze. Aber ein Lebewesen ist er schon! Denn er wächst, gedeiht und vermehrt sich. Aber fortbewegen wie ein Tier kann er sich nicht – und er braucht auch nicht das Licht der Sonne, um zu leben, wie eine Pflanze. Und das, was du von einem Pilz über der Erde siehst, ist nur ein kleiner Teil. Der größte Teil ist für uns unsichtbar und befindet sich unter der Erde.

Schopftintling

Stiel: bis zu 12 Zentimeter,
Hut: bis zu 6 Zentimeter

Parks, Gärten, Wiesen, Waldwege

essbar

Wenn der Schopftintling jung ist, sieht er hübsch aus und schmeckt auch lecker. Wenn er älter wird, passiert etwas Seltsames: Der Schopftintling mit dem spitzen Hut löst sich in einen Tintenklecks auf. Früher wurde die Flüssigkeit des (aufgelösten) Schopftintlings übrigens als Schreibtinte verwendet.

Entdeckerchance: ●●○○○

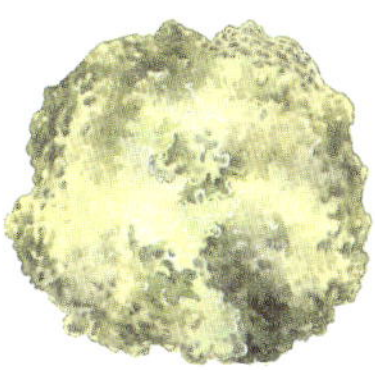

Krause Glucke

auch Fette Henne

Fruchtkörper bis 30 Zentimeter

lebt meist an Kiefern oder seltener auch an Fichten

essbar

Die Krause Glucke gackert nicht! Denn sie ist ein Pilz, der weder Stiel noch Hut hat und wie ein Badeschwamm aussieht. Er wächst am Fuße von Bäumen. Die Krause Glucke ist ein Parasit, also ein Schmarotzer, der Holz zum Leben braucht.

Entdeckerchance: ●●●○○

3. DRAUSSEN IN DER NATUR:

Übernachten, Feuer machen und im Freien kochen

LAGERPLATZ SUCHEN UND VORRÄTE AUFBEWAHREN

Wie aufregend, du planst eine oder mehrere Nächte im Freien – im Zelt, im Planenzelt oder in einer selbst gebauten Laubhütte. Deine erste Aufgabe: einen geeigneten Platz finden. Dabei musst du einiges beachten. Denn du darfst nicht einfach irgendwo dein Lager aufschlagen.

Wo darf ich übernachten?

In einigen europäischen Ländern, wie etwa in Schweden, Finnland und Estland ist wild campen erlaubt. In Deutschland und Österreich dagegen verboten, in der Schweiz in nur in ganz bestimmten Gebieten gestattet.
Dein Abenteuer im Freien kannst du trotzdem planen.
Es gibt viele Möglichkeiten, legal draußen zu übernachten:

- Suche vor deinem Abenteuer einen Trekkingplatz oder Naturlagerplatz im Internet. Dort kannst du ganz offiziell übernachten. Diese Plätze sind für Wanderer und Radfahrer ausgewiesen.
- Frage bei einem Bauern oder bei Freunden, ob du auf ihrem Gelände oder in ihrem Garten übernachten darfst.
- Übernachte auf einem Campingplatz.

Der richtige Lagerplatz für die Nacht

Nimm dir für die Wahl deines Lagerplatzes ausreichend Zeit. Beginne mit der Suche nach dem richtigen Ort mindestens drei Stunden vor Dunkelheit. Errichte deine Behausung und suche Feuerholz (aber nur, wenn du Feuer machen darfst; siehe S. 82).

- Suche eine trockene, windgeschützte und ebene Liegefläche, vermeide schräge oder steile Hänge.
- Halte ausreichend Abstand zu Flüssen und Bächen – mindestens 100 Meter. Denn bei starkem Regen kann es zu Überschwemmungen kommen.
- Such keine Plätze aus, an denen du wilde Tiere stören könntest.
- Meide die Nähe von steilen Felswänden. Hier besteht die Gefahr von Steinschlägen.
- Schlage dein Nachtlager nicht in der Nähe von stehenden Gewässern auf. Denn dann wirst du möglicherweise von Stechmücken attackiert.
- Stelle dein Zelt nicht direkt unter einem Baum auf. Es könnten Äste herabfallen.

MITTEN IN DER NATUR:
ein Dach über dem Kopf

Wenn du einen geeigneten Lagerplatz gefunden hast, geht es jetzt ans „Häuschenbauen". Profi-Abenteurer kennen verschiedene Möglichkeiten.

Das Zelt

Deine allererste Nacht im Freien verbringst du am besten im Zelt. Es schützt dich vor Wind und Wetter. Bevor du ein Outdoor-Abenteuer mit deinem Zelt planst, stelle es doch einmal probehalber in einem Garten oder auf einer Wiese auf. So prüfst du, ob alles komplett ist. Wenn du magst, kannst du auch eine Nacht Probe schlafen.

Das brauchst du:

- wasserfeste Unterlage
- Gestänge
- Innen- und Außenzelt
- Heringe

So geht's:

1. Lege die wasserfeste Unterlage auf den Boden. Lege dich darauf und prüfe, ob du bequem liegst. Falls dich Steine oder Wurzeln stören, entferne sie oder suche einen anderen Platz.
2. Wenn dein Zelt aus zwei Schichten besteht: Bau zunächst das Innenzelt mit den Stangen auf die Unterlage. Am besten so, dass der Eingang an der windabgewandten Seite liegt. Befestige es mit Heringen im Boden.
3. Breite jetzt das Außenzelt über das Innenzelt aus und befestige es mit den Schlaufen am Innenzelt.
4. Spanne nun die Abspannleinen mit Heringen fest. Achte darauf, dass das Außenzelt nicht das Innenzelt berührt. So kann Regen gut abfließen.

Das Planenzelt

Wenn du eine große Plane dabeihast, kannst du dir ruck, zuck einen Unterstand bauen. Dann bist du geschützt vor Kälte und Nässe. Ein toller Zufluchtsort ...

Das brauchst du:

- eine rechteckige Plane mit Ösen (zum Beispiel 3 × 3 Meter groß)
- zwei etwa sechs Meter auseinanderliegende Bäume
- eine lange und mehrere kürzere Schnüre
- Steine

So geht's:

1. Spanne die Schnur zwischen zwei Bäume.
2. Lege jetzt die Plane mittig auf die Schnur.
3. Fixiere die vier Ösen mit Steinen, damit dir dein Planenzelt nicht wegweht.

Laubhütte

Zugegeben, so eine Laubhütte ist ganz schön aufwendig zu bauen.
Es lohnt sich deshalb, hier mehrere Nächte zu verbringen.

Das brauchst du:

- lange Äste
- biegsame Zweige
- Zweige, Gras und Schilf

So geht's:

1. Sammle große Äste, sie dienen als Gerüst für deine Laubhütte. Stelle sie in Form eines Spitzdachs auf.
2. Die dickeren Äste verbindest du nun mit biegsamen Zweigen, zum Beispiel aus Weiden. Flechte sie um die Äste.
3. Jetzt legst du auf das Dach kleine Zweige, Gras oder Schilf. Sie sollen den Unterschlupf vor Regen schützen. Lege jetzt den Boden mit trockenem Gras aus. Gute Nacht, schlaf gut!

EXTRA-WISSEN
Vorsicht Krabbeltiere

Na, gut geschlafen in der Natur? Bevor du wieder in deine Schuhe und in deine Hose schlüpfst, schüttele sie aus. So stellst du sicher, dass über Nacht keine Insekten, Spinnen oder Schlangen dort eingezogen sind.

EXTRA-WISSEN

Mollig warm in deiner Natur-Unterkunft

Schlafe möglichst auf einer Unterlage, zum Beispiel auf deiner Isomatte, einer Plane oder einem Bett aus Gras oder Laub. Schlüpfe in deinen Schlafsack, wenn du einen hast. Ziehe mehrere Schichten übereinander an. Ausziehen kannst du dich immer noch. Wenn es sehr kühl ist, hält dich eine Mütze warm. Denn über den Kopf verlierst du viel Wärme.

Beachte:

Egal, wie du draußen übernachtest: Verhalte dich ruhig, um die Wildtiere nicht zu stören. Achte auch darauf, keine Pflanzen zu zertreten. Nimm alles wieder mit, was du mitgebracht hast – auch deinen Müll. Dein Übernachtungsort sollte so aussehen, als ob du nicht da gewesen wärst.

FEUER MACHEN

Klar, ein Feuer machen – das gehört zu den Grundkenntnissen eines echten Outdoor-Profis. In diesem Kapitel lernst du, wie das geht. Wir stellen dir zwei Varianten vor: für Outdoor-Einsteiger und Survival-Profis. Feuer ist nämlich genial: Es wärmt dich in kalten Nächten am Lagerfeuer, es trocknet feuchte Kleidung, du kannst damit kochen, und es hält Insekten und wilde Tiere fern. Doch Vorsicht: Feuer ist gefährlich, wenn es unkontrolliert wütet.
Deshalb darfst du es niemals im Wald oder in der Nähe des Waldes entzünden. Du könntest einen Waldbrand auslösen.

EXTRA-WISSEN

Feuer, aber sicher!

- Mach nur dann ein Lagerfeuer, wenn du die Erlaubnis des Besitzers des Grundstücks hast.
- Wer unerlaubt ein offenes Feuer im Wald entzündet, muss mit einem hohen Bußgeld rechnen.
- Lass das Lagerfeuer nie unbeaufsichtigt.
- Suche einen sicheren Ort mit viel Abstand zu allem Brennbaren. Errichte deine Feuerstelle also nie im Wald oder in der Nähe von Bäumen. Lege einen Kreis aus Steinen um die Feuerstelle. So kann sich das Feuer nicht am Boden ausbreiten.
- Lösche das Feuer mit Wasser, Sand oder Erde, wenn du dein Camp verlässt oder in deinen Unterschlupf kriechst. Vergewissere dich, dass die Glut wirklich vollständig erloschen ist.

Tipp: Nimm in einer kleinen wasserdichten Dose ein bisschen Zundervorrat mit.

Feuermachen für Outdoor-Einsteiger

Das brauchst du:

- Feuerzeug oder Streichhölzer
- Zunder
- Trockene Zweige und Äste
- Trockenes Feuerholz
- Steine

So geht's:

1. Zünde den Zunder mit Streichholz oder Feuerzeug an.
2. Sobald du eine Flamme hast, gib trockene Zweige und Äste dazu. Am besten baust du mit den Zweigen eine Art Tipi über den Flammen.
3. Stelle jetzt das Feuerholz in Tipi-Form auf.

EXTRA-WISSEN

Zunder

Zunder ist leicht brennbares Material, wie etwa trockene Rinde, Harz, Samen, getrockneter Zunderschwamm, Moos oder trockene Blätter. Damit kannst du ein Feuer entzünden.

Mission für mieses Wetter: Streichhölzer wasserfest machen

Stell dir vor, du möchtest ein Lagerfeuer machen – und deine Streichhölzer sind im Regen nass geworden. Ärgerlich! Damit das nicht passiert, kannst du deine Streichhölzer zu Hause wasserfest machen.

Das brauchst du:

- Kerze
- Streichhölzer

So geht's:

1. Zünde die Kerze an.
2. Wenn das Wachs der Kerze geschmolzen ist, tauche die Köpfe der Streichhölzer in das flüssige Kerzenwachs.
3. Packe die wasserfesten Streichhölzer in eine Plastiktüte.
4. Vor dem Anzünden kratzt du das Wachs ab – und schon kannst du das Feuer entzünden.

Feuermachen für Survival-Profis

Echte Outdoor-Experten und -Expertinnen können auf sehr viele Arten ein Feuer auch ohne Streichhölzer oder Feuerzeug entzünden. Wir stellen dir hier die „Feuerbohren-mit-Bogen"-Methode vor. Bitte bedenke: Diese Art des Feuermachens braucht viel Übung und Geduld! Lass dich nicht entmutigen, wenn es beim ersten Mal nicht gelingt.

Das brauchst du:

- einen biegsamen Ast, den Bogen (etwa 50 Zentimeter lang)
- eine Schnur (zum Beispiel Schnürsenkel)
- ein flaches, möglichst weiches Holzstück
- einen etwa dreißig Zentimeter langen Ast aus möglichst hartem Holz. Daraus wird dein „Bohrer"
- einen flachen Stein
- Taschenmesser
- Zunder

So geht's:

1. Baue zuerst einen Bogen. Befestige die Schur an jeweils einem Ende des Bogenholzes. Vorsicht: Er darf nicht zu stramm gespannt sein.
2. Das Holzstück ist dein Feuerbrett.
   Schnitze mit dem Taschenmesser eine Mulde in das Holz.
3. Spitze nun ein Ende des Astes mit dem Taschenmesser wie einen Pfeil an.
4. Drehe nun den Bohrer in die Schnur des Bogens ein. Lege Zunder auf das Holzstück neben die Kerbe und halte es mit den Knien fest. Jetzt bewegst du den Bogen schnell mit einer Hand hin und her. Mit der anderen drückst du mit dem flachen Stein auf den Bohrer. Nach und nach entsteht eine Kerbe.
5. Bohre so lange weiter, bis es zu qualmen beginnt. Wenn Holz auf Holz reibt, entsteht Hitze, und es sprühen Funken, die auf trockenen Zunder fallen. Jetzt musst du vorsichtig pusten und weiteren Zunder dazugeben. Das ist anstrengend. Aber irgendwann hast du eine kleine Flamme und du entzündest ein größeres Feuer wie in im Abschnitt „Feuermachen für Outdoor-Einsteiger" beschrieben.

FUTTERN IM FREIEN:

Rezepte für die Outdoor-Küche

In der Natur zu kochen, macht riesigen Spaß. Mit einem Topf über einem Lagerfeuer oder einem Campingkocher kannst du einfach richtige Leckereien brutzeln. Oder natürlich das niedergebrannte Feuer direkt nutzen.

EXTRA-WiSSEN

Vorräte aufbewahren

Wenn du in der Natur campst, befindest du dich im Wohnzimmer der Tiere. Dort leben Insekten wie Käfer und Ameisen, Säugetiere wie Eichhörnchen, Marder und Wildkatzen sowie Vögel und andere Lebewesen. Bitte achte darauf, dass du sie nicht störst. Und keine Sorge, wilde Tiere halten in der Regel Abstand. Die Gefahr, dass ein Tier angreift, ist äußerst gering.
So verhältst du dich richtig:

- Wilde Tiere können von Essensgeruch angelockt werden. Bereite deshalb dein Essen nicht in der Nähe deines Lagers zu.
- Verschließe deinen Proviant in Dosen oder Mehrwegplastiktüten.
- Hänge das Essen in einem dichten Sack an einen Baum. Beachte aber, dass viele Wildtiere klettern können.
- In einer Höhle oder in einem selbst gegrabenen Loch kannst du deinen Proviant kühl halten. Oder du schlägst ihn in ein feuchtes Tuch.

Rezept für Nudelfans

ONE-POT-PASTA

Die Idee der One-Pot-Gerichte kommt aus den USA. One Pot ist Englisch (sprich: uanpot) und heißt „Ein-Topf“, weil du nur einen Topf brauchst. Praktisch, denn so fällt auch nicht so viel Geschirr an. Pasta ist das italienische Wort für Nudeln.

Das brauchst du (für zwei Personen mit großem Hunger):

- 200 Gramm Pasta, am besten kurze Nudeln
- 1 Esslöffel Öl
- ½ Liter Wasser
- 2 EL Gemüsebrühe
- 1 Zwiebel
- 1 Knoblauchzehe
- 2 Zucchini
- 1 Paprika
- 3 Tomaten
- Salz und Pfeffer
- geriebenen Parmesan

So geht's:

1. Zwiebeln, Knoblauch und Gemüse klein schnippeln.
2. Öl in den Campingkocher geben und erhitzen.
3. Zwiebeln anbraten, dann Gemüse und Knoblauch dazugeben und fünf Minuten dünsten.
4. Jetzt mit Wasser ablöschen und die Gemüsebrühe sowie die Nudeln dazugeben. Das Wasser wird später nicht abgegossen, sondern zusammen mit Nudeln und Gemüse gegart.
5. Etwa 10 Minuten kochen lassen.
6. Mit Salz und Pfeffer abschmecken.

Rezept für Schleckermäuler

Milchreis

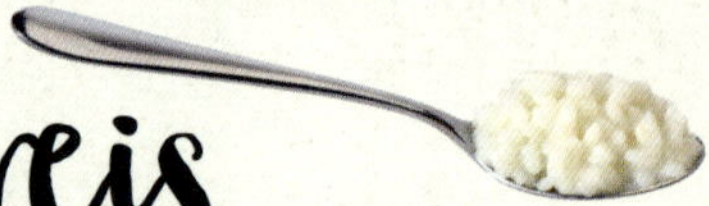

Milchreis kannst du als süßes Abendessen
im Campingtopf zubereiten – oder als Nachtisch.

Das brauchst du (für zwei Personen):

- ½ Liter Milch
- 1 Päckchen Vanillezucker
- 1 Prise Salz
- 125 Gramm Rundkorn- oder Risottoreis
- Zucker und Zimt

So geht's:

1. Vermische die Milch, Salz und Vanillezucker im Campingtopf und lass das Ganze kurz aufkochen.
2. Gib den Reis hinzu und lass ihn bei niedriger Hitze etwa 20 Minuten garen, bis der Reis weich ist. Du musst stets rühren, damit nichts anbrennt.
3. Wenn der Reis weich ist, servieren: zum Beispiel mit Zucker und Zimt.

Rezept für Lagerfeuer-Fans

Stockbrot

Ein Lagerfeuer ohne Stockbrot ist wie ein Sommer ohne Badesee. Deshalb kommt hier auch das ultimative Rezept für Brot am Stock!

Das brauchst du (für etwa 8 Brote):

- 150 Gramm Magerquark
- 1 Prise Salz
- 3 EL Milch oder Wasser
- 1 Ei
- 6 EL Öl
- 300 Gramm Mehl
- 3 TL Backpulver

Tipp: Du kannst den Teig auch zu Hause vorbereiten und in einer Dose mitnehmen.

So geht's:

1. Suche dir lange Stöcke und entferne mit den Fingern oder einem Messer die Rinde an der Spitze (etwa zwei Hände breit).
2. Vermenge alle Zutaten bis auf das Mehl und das Backpulver in einer Schüssel miteinander.
3. Knete das Mehl und das Backpulver unter. Der Teig ist relativ fest.
4. Nimm eine kleine Portion Teig, rolle eine Schlange, wickle sie um die Spitze eines langen Stocks und drücke den Teig fest. Je dünner der Teig ist, desto schneller wird das Brot gar.
5. Halte den Stock vorsichtig über die Glut, bis der Teig gebräunt ist und sich leicht vom Stock abziehen lässt. Achtung: In den Flammen wird das Brot nur außen schwarz, aber nicht gar.

4. NOTLAGE IN DER NATUR?

Tipps und Tricks, die dich retten

POTZBLITZ: ES GEWITTERT!

Ein paar Zahlen vorab: Jeden Tag zucken auf der ganzen Welt zwischen zehn und 30 Millionen Blitze durch die Luft. Das sind über 100 Blitze pro Sekunde. Aber keine Sorge, die Wahrscheinlichkeit, im Lotto sechs Richtige zu tippen, liegt 20- bis 40-mal höher als die Gefahr, bei uns von einem Blitz getötet zu werden. Doch was passiert eigentlich, wenn es blitzt? Dann fließen starke elektrische Ströme, die von Metall und Wasser weitergeleitet werden. Deshalb ist es sehr wichtig, dass du Abstand hältst von allen Gegenständen aus Metall. Außerdem heißt es: Schnell raus aus dem Wasser.

Was tun, wenn es blitzt und donnert?

- Suche Schutz in einem geschlossenen Gebäude, das mit einem Blitzableiter ausgestattet ist.

- Auch in einem Auto bist du vor Blitzen geschützt, denn die Karosserie schirmt den Innenraum ab und leitet die elektrische Ladung in den Boden. Bitte beachte: Schließe alle Fenster und berühre kein Metall.

Wenn du dich nicht in ein Haus oder Auto flüchten kannst, dann ...
... suche einen möglichst niedrigen Punkt im Gelände oder eine Mulde. Halte Abstand zu allein stehenden Bäumen, Gewässern und Masten. Denn ein Blitz sucht sich immer den höchsten Punkt in einem Gebiet. Das heißt: Vermeide, dass du selbst dieser höchste Punkt bist.
... mache dich möglichst klein, gehe in die Hocke, stelle die Füße zusammen, zieh den Kopf ein und lege die Arme um die Brust. Berühre dabei keine anderen Menschen.

Das ist bei Gewitter verboten:

- auf Gipfel, Bergkämme oder Felsen klettern,
- im Zelt oder unter Bäumen Schutz suchen,
- im See oder in einem anderen Gewässer schwimmen.

EXTRA-WiSSEN

Die Blitz- und -Donner-3-Sekunden-Formel:

Stell dir vor, du bist in der Natur unterwegs und es gewittert.
Du siehst zuerst den Blitz und hörst dann mit Abstand den Donner. Das liegt daran, dass sich Licht schneller ausbreitet als Geräusche, also der Schall. Der Schall legt in drei Sekunden einen Kilometer zurück. Wie weit ist das Gewitter dann noch weg? Wie viel Zeit hast du noch, um dich in Sicherheit zu bringen? Zähle die Sekunden zwischen Blitzschlag und Donnergrollen – und mit der 3-Sekunden-Formel kannst du die Entfernung errechnen.
Gezählte Sekunden : 3 = x Kilometer

Ein Rechenbeispiel:
6 Sekunden : 3 = 2 Kilometer
3 Sekunden : 3 = 1 Kilometer
Zähle mehrmals hintereinander.
Dann weißt du, ob das Gewitter abzieht oder näher kommt.

WEIT WEG VOM WEG:
Verirrt in der Natur

Du hast alle Tipps zur Orientierung aus Kapitel 1 gelesen und befolgt:
Du bist mit Karte und Kompass ausgerüstet, kennst die Himmelsrichtungen und kannst dich auch mit Hilfe der Sonne oder den Sternen zurechtfinden.
Doch, was für ein Pech – ihr habt euch trotzdem verlaufen.
Die gute Nachricht: Bei uns in Mitteleuropa sind menschliche Siedlungen meist nicht allzu weit weg – außer vielleicht in sehr abgelegenen Bergregionen.
In Deutschland zum Beispiel ist kein einziger Ort mehr als 6,3 Kilometer Luftlinie vom nächsten Haus entfernt. Und dort wohnen Menschen!
Rettung ist also nah ...

Verlaufen, was tun?
Versucht, Ruhe zu bewahren! Panisch und hektisch zu werden, nützt niemandem. Nun müsst ihr gemeinsam entscheiden, ob ihr weitergeht oder da bleibt, wo ihr seid.

Ihr bleibt

- Viele Survival-Profis empfehlen diese Variante.
  Denn so spart ihr Kraft und verirrt euch nicht weiter.
- Sucht euch einen sicheren Platz, um zu warten.
- Wenn ihr Handyempfang habt, ruft Hilfe und beschreibt, wo ihr seid.

Ihr geht weiter

- Orientiert euch noch mal neu: mit Karte und Kompass oder dem GPS-Gerät (siehe Seite 13). Wenn das nichts hilft, überlegt: Wann habt ihr die Orientierung verloren? Könntet ihr an die Stelle zurück gehen, an der ihr euch auskanntet? Seid ihr in der Nähe einer Anhöhe? Gibt es Wegmarkierungen für Wanderer, an denen ihr euch orientieren könntet? Wenn ja, geht dorthin zurück.
- Markiert den Weg mit Pfeilen aus Stöcken, damit ihr notfalls wieder zurückgehen könnt.
- Haltet Ausschau nach auffälligen Bergspitzen. Sie sind gute Orientierungspunkte und helfen, euch nicht im Kreis zu bewegen.
- Geht lieber auf einem breiten Forstweg, als einen schmalen Pfad zu beschreiten.
- Sucht nach Zeichen von Menschen.
- Steigt hinab ins Tal, folgt Bächen oder Flüssen in Fließrichtung. Die Wahrscheinlichkeit ist groß, dass ihr bald auf ein Haus oder eine Siedlung trefft. Könnt ihr etwas hören wie etwa Kirchenglocken, Hundegebell oder Autogeräusche? Diese Geräusche deuten darauf hin, dass sich Menschen in der Nähe befinden.

Tipp: Am besten gebt ihr die Start- und Zielkoordinaten sowie Wegpunkte eurer Tour in ein Smartphone ein. Dann findet ihr leicht wieder auf eure Strecke zurück. Das funktioniert natürlich nur, wenn dein Handy mit genügend Akkuleistung ausgestattet ist und ihr Empfang habt.

HILFE: KEIN WASSER MEHR

Wusstest du, dass du im absoluten Notfall drei Wochen ohne Essen auskommen könntest? Aber ohne Wasser überleben wir Menschen nur maximal drei Tage. Wer sich viel bewegt, muss auch mehr trinken – besonders im Sommer. Deshalb ist es sehr wichtig, dass du immer genügend Wasser in deinem Rucksack hast.

Sorge also bei der Planung deiner Tour auch dafür, dass du Nachschub kaufen kannst. Merke: Erwachsene brauchen mindestens zwei bis drei Liter am Tag, Kinder etwas weniger.

EXTRA-WISSEN

Der Mensch besteht zu 70 Prozent aus Wasser. Ein zehnjähriges Kind, das etwa 35 Kilogramm wiegt, ist also eine Art Wasserflasche. Denn allein 24,5 Liter Wasser stecken in diesem Körper – im Blut, im Lymphsystem, in den Geweben von Organen, Knochen, Muskeln und im Fettpolster. Kein Wunder also, dass wir viel und regelmäßig trinken müssen. Ohne Wasser würden wir Menschen, aber auch alle Tiere und Pflanzen, sterben.

DER ULTIMATIVE WASSER-GUIDE

1. Wasser finden:

Unterwegs findest du, wenn du nicht gerade in der Sahara unterwegs bist, genug Wasser: in Bächen und Quellen. Aber ist es auch trinkbar? Da Wasser häufig verschmutzt ist, solltest du nur dort aus fließenden Gewässern Wasser sammeln, die oberhalb von Siedlungen fließen. Denn auch Nutztiere wie Kühe verschmutzen Gewässer.

Ziemlich unbedenklich trinken kannst du aus kalten, sauberen Gebirgsbächen. Es gilt: Im warmen Wasser leben in der Regel mehr Bakterien und Viren als im kalten.

Checker-Frage

Wie findet man Wasser?

Nicht immer findest du einen Bach, eine Quelle oder einen See. Dann kannst du andere Tricks anwenden. Die Natur zeigt dir die Spur zum Wasser: Vögel und Libellen sind oft in der Nähe von offenen Gewässern. Auch Pflanzen zeigen dir, dass es in der Nähe Wasser geben muss, zum Beispiel Pappeln, Schilf oder Rohrkolben.

2. Wasser abkochen

Wasser, das du in Bächen, Quellen, Seen oder Mulden gesammelt hast, solltest du abkochen. Das tötet Viren und Bakterien ab, und du machst es keimfrei.

Das brauchst du:

- Gaskocher
- Topf
- Wasser
- Tuch

So geht's:

1. Schütte das Wasser durch ein sauberes Tuch in einen Topf, so filterst du grobe Stücke heraus.
2. Dann kochst du es drei Minuten lang und lässt es abkühlen.

3. Regenwasser auffangen

Wenn kein Bach in der Nähe ist, du aber wirklich durstig bist, kannst du auch Regenwasser auffangen.

Das brauchst du:

- eine Plane oder eine Regenjacke

So geht's:

Spanne eine Plane oder deine Regenjacke zwischen Bäumen auf. Oder lege die Plane oder Regenjacke in eine Mulde.

4. Wasser entsalzen

Okay, schon klar! Die Wahrscheinlichkeit, dass du auf einer einsamen Insel strandest – rundherum nur Meer und ungenießbares Salzwasser – ist zwar gering. Aber wer weiß? Für diesen Fall kommt hier der ultimative Tipp, wie du dir deine eigene Entsalzungsanlage baust:

Das brauchst du:

- eine große Plastikschüssel oder Topf
- ein Glas
- einen kleinen Stein
- Klarsichtfolie
- Salzwasser

So geht's:

1. Stelle erst das Glas in die Schüssel, gieße dann etwas Wasser nach. Aber nur ein bisschen. Das Glas soll nicht schwimmen.
2. Spanne nun die Klarsichtfolie über die Schüssel. Lege den Stein in die Mitte – direkt über das Glas.
3. Stelle die Schüssel an einen sonnigen Ort.
4. Warte ein paar Stunden. Dann hat sich trinkbares Wasser im Glas gesammelt.

Was ist passiert?

Durch die Sonnenwärme verdampft das Wasser mit der Zeit in der Schüssel und sammelt sich an der Folienunterseite. Es läuft in die Mitte Richtung Stein – und tropft ins Glas. Allerdings verdampft nur das Wasser, nicht das Salz. Das bleibt unten am Schüsselboden. Deshalb hast du jetzt leckeres Trinkwasser im Glas. Zum Wohl!

VERLETZT - WAS TUN?

Autsch! Schnell ist es passiert. Irgendwo mitten in der Pampa, wo es weit und breit keine Ärztin oder keinen Arzt gibt, ist jemand aus deiner Gruppe gestürzt oder wurde von einer Biene gestochen. Versuche, Ruhe zu bewahren und die Gefahr richtig einzuschätzen.

A. Kleinere Verletzung

Zum Beispiel eine Schürfwunde oder ein Stich, der extrem juckt.

✆ Rufe deine Eltern oder andere Erwachsene an

✚ Leiste, wenn nötig, Erste Hilfe

B. Größere Verletzung oder Notfall

Zum Beispiel: verletzter Fuß, die Person kann nicht weiterlaufen. Oder eine allergische Reaktion nach einem Insektenstich.

✆ Wähle die **Notrufnummer 112.**

Folgende Fragen werden dir gestellt:

- **Wo ist der Notfallort?** Gib eine möglichst genaue Ortsbeschreibung an.
- **Was ist passiert?** Schildere kurz, was geschehen ist, zum Beispiel Fuß verstaucht nach Sturz, blutende Wunde oder allergische Reaktion.
- **Wer ruft an?** Nenne deinen Vor- und Nachnamen und deine Adresse.
- **Wie viele Verletzte gibt es?** Je mehr Informationen du geben kannst, desto besser.
- **Warte auf Rückfragen.** Beende nicht selbst das Gespräch, sondern warte ab, ob noch Rückfragen aus der Notrufzentrale kommen. Lege erst auf, wenn die Gegenstelle das Telefonat beendet.
- **Leiste, wenn nötig, Erste Hilfe**

Erste-Hilfe-Set für Expeditionen

Diese Erste-Hilfe-Utensilien solltest du immer dabei haben: Pflaster, Blasenpflaster, Mullbinde, Desinfektionsmittel, Zeckenzange, Salbe gegen Insektenstiche, wenn du allergisch bist: Tabletten gegen deine Allergien, Rettungsdecke.

Beachte: Ersetze zu Hause jedes Teil, sobald du es benutzt hast.

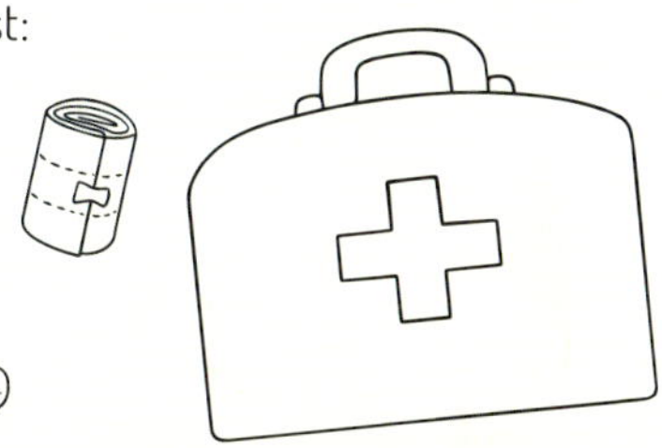

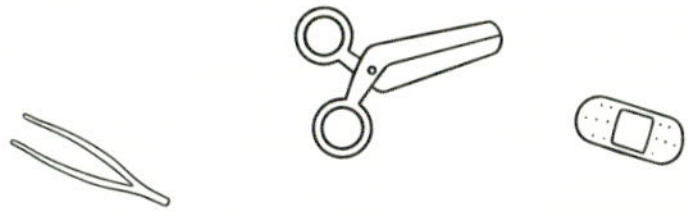

EXTRA-WISSEN

Die Waldapotheke: Erste-Hilfe-Pflanzen aus der Natur

Kein Pflaster dabei? Dann hilft Spitzwegerich. Die schmalen Blätter lassen sich als Pflaster um den Finger wickeln. Außerdem lindern sie Sonnenbrand. Bei Juckreiz hilft Huflattich. Einfach die jungen Blätter zerreiben und auf die Haut auftragen.

Huflattich

Erste Hilfe leisten!

Ein paar Grundkenntnisse in Erster Hilfe sind wichtig, wenn man in der Natur unterwegs ist. Nimm immer ein kleines Erste-Hilfe-Kit mit. Außerdem kannst du an einem Erste-Hilfe-Kurs für Kinder teilnehmen. Informiere dich im Internet, ob Organisationen wie das Rote Kreuz solche Schulungen für Kinder in deiner Nähe anbieten.

Und so leistest du selbst bei kleinen Verletzungen Erste Hilfe:

- **Schürfwunde:** Desinfiziere die Wunde und mach ein Pflaster drauf.
- **Blase am Fuß:** Wenn es im Schuh reibt, klebe auf diese Stelle ein spezielles Blasenpflaster.
- **Krampf:** Dehne den betroffenen Muskel, um den Krampf zu lösen. Und massiere die Stelle. Beachte: Krämpfe sind Muskelverspannungen, die entstehen können, wenn du nicht genug getrunken und viel geschwitzt hast.

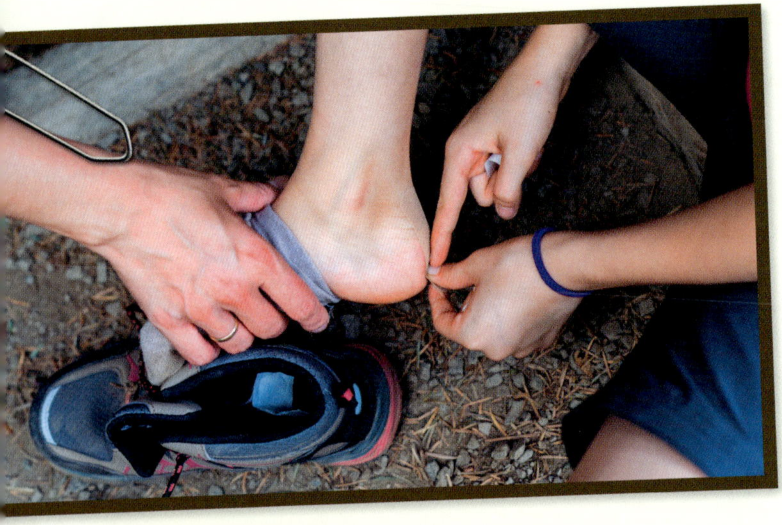

Wichtige Notrufnummern:
Brauchst du Hilfe der Feuerwehr oder des Rettungsdienstes? Dann wähle 112.
Diese Nummer kannst du in ganz Europa kostenlos wählen – auch mit dem Handy.
Die Polizei erreichst du unter der Nummer 110.

DU BIST IN NOT? GIB ZEICHEN!

1. Notzeichen mit dem Körper

Hast du dich verlaufen und siehst einen Hubschrauber, helfen Handzeichen, um dem Rettungsteam im Hubschrauber zu signalisieren, dass du Hilfe brauchst.

ja

Wenn du auf Rettung wartest, strecke beide Arme über den Kopf nach oben – in Form eines offenen Dreiecks. Dein Körper sieht jetzt aus wie ein Y. Das bedeutet auf Englisch „Yes", also „Ja, bitte rette uns!".

Brauchst du dagegen **keine Hilfe,** hebst du nur einen Arm, den anderen hältst du schräg nach unten. Das bedeutet „No", also: „Nein, ich brauche keine Hilfe."

nein

2. Notsignal

SOS ist ein Notsignal, das seit über 100 Jahren in der ganzen Welt verwendet und verstanden wird. Du kannst das SOS-Notsignal mit Pfiffen oder Trillerpfeife übermitteln oder mit Hilfe einer Taschenlampe.

So geht's:

SOS-Signal mit Pfiffen oder einer Trillerpfeife:
Dreimal kurz Pfeifen, dreimal lang pfeifen, dreimal kurz pfeifen
Lichtsignal mit Taschenlampe: dreimal kurz blinken, dreimal lang blinken, dreimal kurz

5. MINI EXPEDITIONEN:

Auf geht's ins Outdoor-Abenteuer

MINI-EXPEDITION NR. 1

Finde Tierspuren

Bester **ganzjährig** Zeitpunkt

Wildtiere sind meist sehr scheu, und deshalb bekommst du viele Arten nur selten zu Gesicht. Nicht traurig sein, du kannst dafür ihre Spuren überall in der Natur entdecken und lesen. Halte deine Augen offen: Sie hinterlassen zum Beispiel Fußabdrücke und Bissspuren. Und sie scheiden Kot aus – wie wir Menschen auch. Tiere bauen Nester und Behausungen.
Werde zum Fährtenleser!

Checker-Frage

Kennst du die Sprache der Jäger?

Jäger nennen die Fährten von Wildtieren übrigens „Trittsiegel". Der Kot von Wildschweinen heißt „Losung", der Huf von einem Rehkitz nennt man „Schale" und das Nest von Wildvögeln heißt „Gelege".
Mit diesen Fakten kannst du deine Freunde beeindrucken, wetten?

Das brauchst du:

- **Maßband:** um die Tierspuren genau zu vermessen
- **Lupe oder Becherlupe:** Damit kannst du auch winzige Tierspuren genau untersuchen.
- **Einen Fotoapparat:** So kannst du zu Hause die Spuren in Ruhe studieren und bestimmen.

Was kannst du entdecken?

Trittspuren: Im Winter findest du sie im frischen Schnee, im Frühjahr, Sommer und Herbst auf dem Waldboden. Manchmal musst du gar nicht weit gehen, um sie zu entdecken: auch im Garten, im Park oder direkt vor der Haustür kannst du fündig werden.

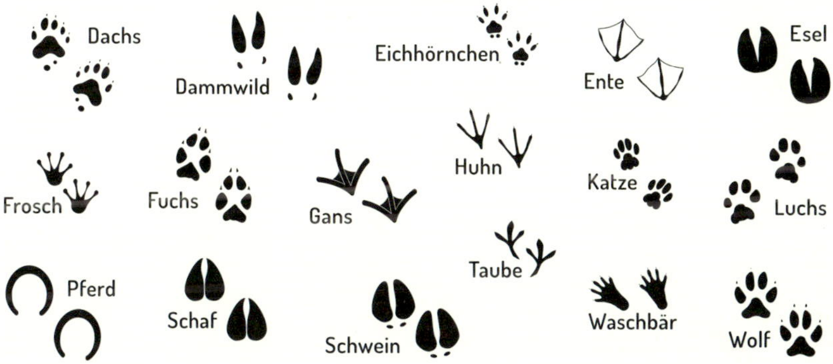

Kotspuren: Einige Tiere fressen Pflanzen, andere vor allem tierische Nahrung, und wieder andere sind Allesfresser. So unterschiedlich wie ihre Kost, ist auch das, was hinten rauskommt: der Kot. Diese ganz besonderen Hinterlassenschaften entdeckst du in Wald, auf Wiesen und Wegen.

Nester und Bauten: Ja, auch Tiere haben es zu Hause gern gemütlich. Viele errichten Nester und Bauten. Sie ziehen darin ihre Jungen auf, schlafen oder nutzen ihre Behausung als Quartier für den Winter.

Nagespuren eines Bibers

Bissspuren: Wenn du genau hinschaust, dann findest du vielleicht auch angeknabberte Bäume. Oder Nüsse und Kerne, an denen sich eine Maus zu schaffen gemacht hat. Halte die Augen offen!

Sonstige Tierspuren: Du findest in der Natur noch unzählige weitere Spuren von Tieren, etwa Federn, Vogeleier und Tierhäutungen.

Feder eines Eichelhähers

Haut einer Ringelnatter

Amselnest

MINI-EXPEDITION NR. 2

Beobachte Zugvögel

Bester
August bis Oktober
Zeitpunkt

Wenn im Herbst die Tage kürzer werden, fliegen Zugvögel in wärmere Regionen. Denn sie finden bei uns im Winter nicht genügend Futter. In unseren Gefilden gibt es etwa 70 Zugvogelarten – lerne drei von ihnen hier näher kennen. Viel Spaß bei diesem luftigen Abenteuer!

Das brauchst du:

- Fernglas
- wetterfeste, unauffällige Kleidung
- Fotoapparat

ein Kranich am Boden

Was kannst du entdecken?

Kraniche fliegen in Keilformationen in kleinen Gruppen. Auf diese Weise sparen sie Energie: Die meiste Kraft braucht der Vogel, der die Gruppe anführt. Die dahinter fliegenden Tiere passen ihren Flügelschlag dem Vordervogel an und nutzen den von ihm erzeugten Aufwind. Deshalb wird der „Anführer"-Vogel regelmäßig ausgewechselt, wie die Tempomacher in einem Rennradteam.

Kurzstreckenzieher: So erkennst du Kraniche im Flug

EXTRA-WISSEN

Echte Wandertiere: Weltweit fliegen etwa 50 Milliarden Zugvögel um den Globus – und wieder zurück.

Langstreckenzieher: So erkennst du Weißstörche im Flug

ein Weißstorch am Boden

Störche sind sogenannte Langstreckenzieher. Sie verbringen den Winter in Afrika. Weil sie nicht über Wasser fliegen können, da ihnen dort die für ihren Flug wichtigen Aufwinde fehlen, machen sie einen großen Umweg und fliegen über Land. Sie nehmen entweder die Route in Richtung Osten über den Bosporus oder sie fliegen die westliche Route über Gibraltar.

EXTRA-WISSEN

Der Kuckuck wächst nicht bei seinen Eltern auf, denn Mama-Kuckuck legt ihr Ei immer in ein fremdes Nest. Trotzdem weiß der Nachwuchs – selbst, wenn seine „Pflegeeltern“ keine Zugvögel sind –, dass es im Winter in Richtung Süden geht, um dort zu überwintern. Zugvogelsein ist nämlich angeboren.

Stare fliegen im Herbst in riesigen Schwärmen am Himmel, die aussehen wie wabernde Wolken. Sie gehen gemeinsam auf Nahrungssuche und fliegen zu Tausenden zu ihren Schlafplätzen. Auf diese Weise sind sie vor Angreifern wie Wanderfalken oder Habichten geschützt. Übrigens: Stare sind sogenannte Teilzieher: Manche fliegen zum Überwintern bis in den südlichen Mittelmeerraum oder nach Südafrika. Andere jedoch bleiben und verbringen auch die kalte Jahreszeit bei uns.

Teilzieher: So erkennst du Stare im Flug

ein Star am Boden

EXTRA-WiSSEN

Wusstest du, dass der Star seinen Namen verdient hat? Er ist nämlich ein echtes Multitalent. Er kann Stimmen von anderen Vögeln und Geräusche aus der Umgebung nachmachen, zum Beispiel den Klingelton deines Handys.

MINI-EXPEDITION NR. 3

Unternimm eine Nachtwanderung

Etwas Spannung gefällig? Dann trau dich und mach mit deinen Freundinnen oder Geschwistern eine Nachtwanderung. Nimm auf jeden Fall auch einen Erwachsenen mit. Und los geht's: Sobald die Sonne untergegangen ist, kannst du eine ganz neue Welt entdecken. Hörst du den Uhu? Raschelt da eine Maus im Gebüsch? Achte darauf, wie die Luft riecht: feucht oder modrig, nach Moos, Erde oder Harz.

Das brauchst du:

- Eine Taschenlampe oder eine Stirnlampe (Schalte sie aber nur ein, wenn du unsicher bist. Du wirst erstaunt sein, was du ohne dein Licht entdecken kannst. Denn deine Augen gewöhnen sich schnell an die Dunkelheit.)
- Gutes Schuhwerk und warme Kleidung (Beachte, dass es in der Nacht kälter ist, als am Tag.)
- Kamera für Nachtaufnahmen
- Notizbuch
- Stift
- eine Wanderkarte
- ein Handy (für Notfälle; Tipp: vorher eine Wetter- und Sterne-App installieren)
- Im Sommer: Mückenspray
- Proviant und eine Thermoskanne mit Tee (Wandern macht nämlich auch nachts hungrig.)

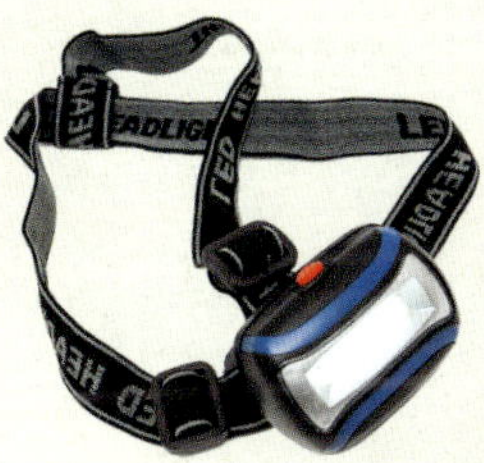

Was kannst du entdecken und erleben?

Nachtaktive Tiere beobachten: Entdecke auf deiner nächtlichen Tour zum Beispiel Nachtfalter, Regenwürmer, Erdkröten, Feuersalamander, Eulen, Uhus, Rehe, Füchse, Igel und Fledermäuse. Wie und wann du Glühwürmchen sehen kannst, erfährst du auf Seite 118/119.

Wenn es Nacht wird, werden jene Tiere aktiv, die tagsüber schlafen.
Jetzt gehen sie auf Beutefang oder Partnersuche. Bei einer Nachtwanderung kannst du – mit etwas Glück – nachtaktive Tiere beobachten.
Erkennen kannst du nachtaktive Säugetiere an ihren großen Augen oder nachtliebende Insekten zum Beispiel an ihren Antennen und Fühlern.

Tipp: Bist du mutig und liebst Geschichten? Dann packe ein Buch mit Gruselgeschichten ein. Die kannst du den anderen an einer Waldlichtung vorlesen. Gruselfaktor garantiert!

Checker-Frage
Wie jagen Fledermäuse?

In der Dämmerung kannst du Fledermäuse entdecken – häufig sogar mitten in der Stadt. Aber hören kannst du sie nicht. Dabei sind sie gar nicht stumm, du kannst ihre Rufe nur nicht wahrnehmen. Beim nächtlichen Jagen stoßen die Säugetiere immerzu hohe Töne aus. Die Schallwellen dieser Schreie treffen auf ein Opfer, zum Beispiel eine Motte. Sie wirft ein Echo an die großen Fledermausohren zurück. So weiß die Fledermaus, wie weit die Leckerei entfernt ist, und schnappt zu. Du kannst mit einem speziellen Gerät, einem sogenannten Fledermausdetektor, die Rufe dieser Tiere wahrnehmen: Je nach Fledermausart hörst du „singende", „knackende" oder „klickende" Geräusche.

Gut zu wissen

Nicht erschrecken: In der Nacht hörst du vielleicht Geräusche, die dich erschrecken. Da knacken Äste im Wald. Ist da ein Wildschwein in der Nähe? Ein schnelles Bellen oder ein kreischendes Heulen? Das könnte ein Fuchs sein. Doch keine Sorge. Die Wildtiere, die bei uns leben, haben in der Regel mehr Angst vor uns Menschen als wir vor ihnen – und sind meistens ungefährlich.

MINI-EXPEDITION NR. 4

Geh auf Sternschnuppenjagd

Bester **August** Zeitpunkt

„Wünsch dir was!" Wenn du eine Sternschnuppe am Himmel entdeckst, geht ein Wunsch in Erfüllung. Das besagt jedenfalls ein jahrhundertealter Aberglaube. Ob deine Träume wirklich wahr werden, wenn du so einen Lichtstreif am Nachthimmel siehst? Ungewiss. Was sicher ist: Schön sind diese hellen Leuchtstreifen, die gerade mal eine Sekunde zu sehen sind, allemal. Also, nichts wie raus in die sternenklare Nacht. Geh auf Sternschnuppenjagd!

Das brauchst du:

Alles, was du auch bei der Nachtwanderung dabeihast, und zusätzlich:

- Gemütliche Decke oder Liegestuhl.
  Lege dich am besten flach auf den Rücken.
- Deine Augen. Die Sternschnuppen sind zu schnell für Teleskop und Fernglas, vertraue deshalb auf deine Augen.

EXTRA-WISSEN

Im Mittelalter glaubten die Menschen, dass Engel die Sterne putzen, damit sie ganz hell leuchten. Bei dieser Putzaktion, so der Glaube, sei manchmal ein Stück abgebrochen und zur Erde gefallen: die Sternschnuppen!

Wo kannst du Sternschnuppen gucken?

Gehe am besten zwischen 23 Uhr und vier Uhr morgens auf einen Hügel oder einen Berg, der möglichst weit von den Lichtern der Städte und Dörfer entfernt liegt. Die größten Chancen auf Sternschnuppen hast du, wenn der Himmel wolkenlos und der Platz möglichst dunkel ist. Bei Vollmond siehst du Sternschnuppen dagegen selten.

Wann kannst du Sternschnuppen entdecken?

Sternschnuppen kannst du fast in jeder Nacht entdecken. Es gibt einige Nächte im Jahr, in denen du besonders viele Sternschnuppen erspähen kannst. Nämlich dann, wenn die Erde die Umlaufbahn eines Kometen kreuzt. Kometen hinterlassen auf ihrer Reise durch den Weltraum immer eine kleine Spur von Dreck, die zu Sternschnuppen werden, wenn sie in die Atmosphäre der Erde eindringen.

Besondere Sternschnuppennächte sind Anfang Januar und Mitte August. Dann regnet es bis zu 100 Sternschnuppen in der Stunde. Also nichts wie los zur Sternschnuppenjagd.

MINI-EXPEDITION NR. 5

Entdecke Glühwürmchen

Bester Juni Zeitpunkt

Vorhang auf für die leuchtenden Stars der Sommernächte: Glühwürmchenweibchen haben ihr Licht immer dabei. In ihrem Hinterteil steckt eine Art Taschenlampe. Möchtest du diese Tiere entdecken? Dann nix wie raus in die lauen Nächte im Juni!

Das brauchst du:

- Alles, was du auch bei der Nachtwanderung (S. 113) dabeihast.
- Bitte Taschenlampe ausschalten
- Außerdem: Geduld

Wo kannst du Glühwürmchen sehen?

Du kannst Glühwürmchen in warmen Sommernächten im Juni und Juli erspähen, am besten bei Neumond, denn dann ist es am dunkelsten. Gute Chancen, die Leuchtkäfer zu sehen, hast du an buschigen Waldrändern, in Parks und Gärten, in denen blühende Taubnesseln und Brennnesseln wachsen.

Warum leuchten Glühwürmchen?

Glühwürmchenweibchen locken mit ihrem leuchtenden Po ihren Partner an. Sie krabbeln auf einen Grashalm und strecken ihr grünlich leuchtendes Hinterteil in die Höhe. Die Männchen schwirren in der Luft herum und halten Ausschau nach diesen Leuchtpunkten. Entdeckt ein Glühwürmchenmann den strahlenden Popo eines Weibchens, lässt er sich auf die auserwählte Glühwürmchendame fallen. Die beiden paaren sich, und das Weibchen legt seine Eier im Boden ab. So ist sicher, dass die nächste Generation Glühwürmchen die Nacht wieder zum Leuchten bringt.

EXTRA-WISSEN

Glühwürmchen sind übrigens keine Würmer, sondern Käfer, sogenannte Leuchtkäfer. Bei uns werden sie Glühwürmchen genannt, weil die Weibchen an Würmer erinnern.

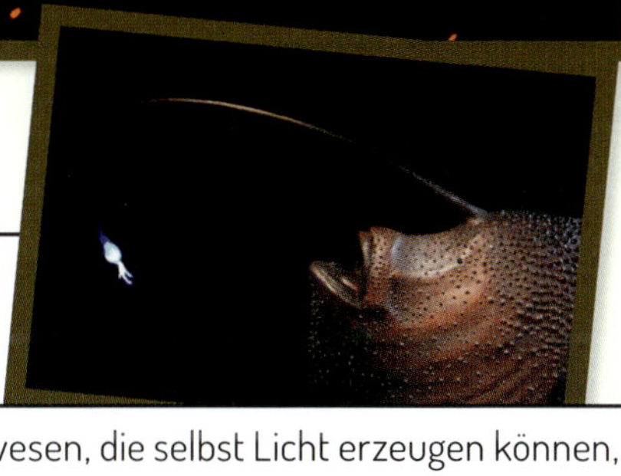

Checker-Frage

Wer leuchtet noch im Dunkeln?

Auch in der Tiefsee gibt es Lebewesen, die selbst Licht erzeugen können, zum Beispiel der Tiefsee-Anglerfisch. Diesen Trick der Natur, sich selbst zum Leuchten zu bringen, nennen Wissenschaftler „Biolumineszenz". Das heißt übersetzt so viel wie „lebendiges Licht".

ALLES AUF EINEN BLICK

Verletzt – was tun?

Kleinere Verletzungen

- Rufe deinen Eltern oder andere Erwachsene an
- Leiste erste Hilfe

Größere Verletzung oder Notfall

Zum Beispiel: verletzter Fuß, die Person kann nicht weiterlaufen. Oder eine allergische Reaktion nach einem Insektenstich. Wähle die **Notrufnummer 112.**

Notrufnummern

Notarzt und Feuerwehr: 112

Polizei: 110

Diese Fragen werden dir gestellt:

- Wo ist der Notfallort?
- Was ist passiert?
- Wer ruft an?
- Wie viele Verletzte gibt es?
- Warte auf Rückfragen.

Notzeichen

bei Rettung aus der Luft

Checkliste vor dem Ausflug

- Packliste abgehakt?
- Route ausgearbeitet?
- Andere über Pläne informiert, damit jemand weiß, wo ihr seid?
- Wetter und Dämmerung gecheckt, damit ihr nicht überrascht werdet?

Merksatz für die Himmelsrichtungen

NORDEN → **O**STEN → **S**ÜDEN → **W**ESTEN

NIE → **O**HNE → **S**EIFE → **W**ASCHEN

NOTIZEN

1

Packliste: TAGESAUSFLUG

- Rucksack ( )
- Kompass ( )
- Wanderkarte ( )
- Regenjacke ( )
- Handy ( )
  (mit Ladegerät und Powerbank)
- Sonnenbrille ( )
- Sonnencreme ( )
- Klopapier ( )
- Taschentücher ( )
- Feuerzeug ( )
- Taschenmesser ( )
- Kopfbedeckung / Mütze ( )
  (je nach Wetter)
- Erste-Hilfe-Set ( )
- Müllbeutel ( )
- Geld ( )
- Ausweis ( )
- Halstuch ( )
  (Multifunktionstuch)

\+

- Proviant für unterwegs ( )
  (Vollkornbrote, Müsliriegel, Bananen)
- und Wasser ( )
  (mindestens 2 bis 3 Liter)

2

Packliste: TOUR mit Übernachtung

- **Alle Gegenstände der Packliste 1** ( )

\+

- wasserdichte Plastikplane ( )
  (drei mal vier Meter) mit Ösen
- Leine oder Zelt ( )
- Kulturbeutel ( )
- Schlafsack ( )
- Isomatte ( )
- Funktionshandtuch ( )
- Mückenschutzspray ( )
- Taschenlampe **o. Stirnlampe** ( )
- Kocher **mit Brennstoff** ( )
- Topf, Pfanne **plus Griffzange** ( )
- Teller, Schüssel, Tasse und Besteck ( )
- Lebensmittel: **z. B. Spaghetti** ( )
- Teebeutel ( )
- Wasserfilter, Tabletten zur Trinkwasseraufbereitung ( )
- Panzertape ( )
- Schnur/Seil ( )
- Kamera ( )
- Expeditionstagebuch/Stift ( )

1

Packliste: TAGESAUSFLUG

- Rucksack ( )
- Kompass ( )
- Wanderkarte ( )
- Regenjacke ( )
- Handy ( )
  (mit Ladegerät und Powerbank)
- Sonnenbrille ( )
- Sonnencreme ( )
- Klopapier ( )
- Taschentücher ( )
- Feuerzeug ( )
- Taschenmesser ( )
- Kopfbedeckung / Mütze ( )
  (je nach Wetter)
- Erste-Hilfe-Set ( )
- Müllbeutel ( )
- Geld ( )
- Ausweis ( )
- Halstuch ( )
  (Multifunktionstuch)

+

- Proviant für unterwegs ( )
  (Vollkornbrote, Müsliriegel, Bananen)
- und Wasser ( )
  (mindestens 2 bis 3 Liter)

2

Packliste: TOUR mit Übernachtung

- Alle Gegenstände der Packliste 1 ( )

+

- wasserdichte Plastikplane ( )
  (drei mal vier Meter) mit Ösen
- Leine oder Zelt ( )
- Kulturbeutel ( )
- Schlafsack ( )
- Isomatte ( )
- Funktionshandtuch ( )
- Mückenschutzspray ( )
- Taschenlampe o. Stirnlampe ( )
- Kocher mit Brennstoff ( )
- Topf, Pfanne plus Griffzange ( )
- Teller, Schüssel, Tasse und Besteck ( )
- Lebensmittel: z. B. Spaghetti ( )
- Teebeutel ( )
- Wasserfilter, Tabletten zur Trinkwasseraufbereitung ( )
- Panzertape ( )
- Schnur/Seil ( )
- Kamera ( )
- Expeditionstagebuch/Stift ( )

Meine Expeditionen & AUSFLÜGE

Was war das Ziel / was habt ihr gemacht? ....

....

....

....

....

Wann wart ihr unterwegs? ....

....

....

Wer war dabei? ....

....

Platz für eine Fotoerinnerung

Meine Expeditionen & AUSFLÜGE

Was war das Ziel/was habt ihr gemacht?

Wann wart ihr unterwegs?

Wer war dabei?

Platz für eine Fotoerinnerung

Meine Expeditionen & AUSFLÜGE

Was war das Ziel / was habt ihr gemacht? ....

....

....

....

....

Wann wart ihr unterwegs? ....

....

....

Wer war dabei? ....

....

....

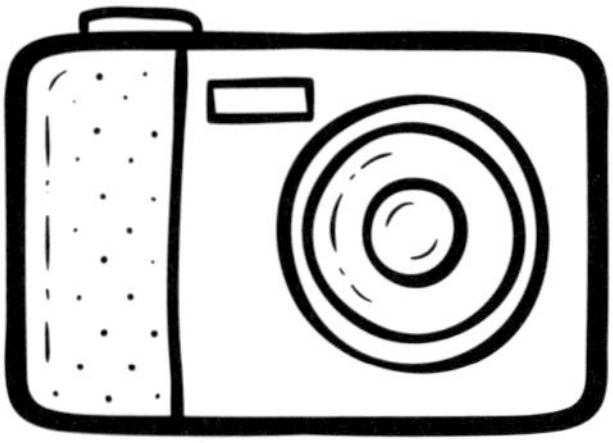

Platz für eine Fotoerinnerung

Bildnachweis

Abkürzungen o. = oben; u. = unten; r. = rechts, l. = links; Mi. = Mitte

© premier.shutterstock.com:

S. 1 o. Lucky Team Studio; u. Kletr; S. 2/3 insemar.vector.art; S. 2 u. l. Christian Badescu; u. r. Maximillian cabinet; S. 3 Lemonsoup14; S. 4 Collin Quinn Lomax; S. 7 lunamarina; S. 9 o. Maria Sbytova; u. languste; S. 10 yarbeer, S. 12 Tatiana Gordievskaia; S. 13 OlenaPalaguta; S. 14 Jacob_09; S. 15 Vasily I; S. 16 Patiwat Sariya; S. 17 Ondrej Prosicky; S. 18 o. Hwall; u. Protasov AN; S. 19 Elena Larina; S. 20 o. Happy Dragon; S. 21 u. Kay Cee Lens and Footages; o. Cary Meltzer; S. 22 o. Diana Taliun; Mi. l. Viktoriya Stakhnyk; Mi. r. insemar.vector.art; u. Nataly Studio; S. 23 u. Fascinadora; S. 24 LightField Studios; S. 25 o. "Monkey Business Images"; u. Suradech Prapairat; S. 26/27 HG Nerefhar; S. 27 o. Oksana Shufrych; u. Kreminska; S. 28 o. insemar.vector.art; l. o. Khvost; S. 28 l. o. Vladiri; l. Mi. Irina Rogova; l. u. Vladiri; l. u. aperturesound; r. o. fotografos; r. Mi. kofana12; r. Mi. Zhur_Sa; r. u. Art14; u. insemar.vector.art; S. 29 insemar.vector.art; zhalul design; S. 30 o. insemar.vector.art; S. 31 u. Billion Photos; o. insemar.vector.art; u. OlenaPalaguta; S. 33 Foca Monica; S. 36/37 Pigprox; S. 39 Mi. l. Dean Clarke; Mi. r. Sergey; S. 39 u. PhotoMik; S. 40 o. Daniel Prudek; Mi. l. Nak Anna; Mi. r. Yulia.Panova; u. photolike; S. 41 Natasha Pankina; o. Andriy Nekrasov; Mi. Silarock; u. l. Stefan Holm; u. r. Daniel Chetroni; S. 42 o. Christian Badescu; u. Kletr; S. 43 Lucky Team Studio; u. romvo; S. 44-73 Mega Pixel, zhalul designs, nickfz; S. 46 Tsekhmister; S. 47 Galushko Sergey; S. 48 o. Maximillian cabinet; S. 48 u. zhalul design; u. Kristina Ost; S. 50 o. l. JRP Studio; o. r. JPG; u. Eric Isselee; S. 52 Eric Isselee; S. 54 o. l. Manuel Findeis; o. r. Vitalii Hulai; S. 56 o. l. + o. r. Svetlana Zhukova; S. 57 u. l. Przemyslaw Muszynski; u. r. Manfred Ruckszio; o. Eric Isselee; u. l. omenaga24; S. 58 o. l. JRP Studio; o. r. Daniel Prudek; u. varuna; S. 59 Macronatura.es; S. 60 Alekcey; S. 62 o. Danut Vieru; S. 62 u. Eric Isselee; S. 64 LilKar; S. 66 Andrea Karakli; S. 68 KhunYing; S. 69 Glasscage; S. 70 o. Natalia van D; u. diamant24; S. 71 Devita ayu silvianingtyas; S. 72 diamant24; S. 74/75 anatoliy_gleb; S. 76 JoeyPhoto; S. 77 Sergey Novikov; S. 78 wavebreakmedia; S. 79 tanachai chaisri; S. 80 o. Dentan; Mi. Kiselev Andrey Valerevich; u. 80 tanachai chaisri; r. Lucky Team Studio; S. 82 o. anatoliy_gleb; u. ShutterOK; S. 83 o. Lysenko Andrii; u. AnnaNel; S. 84 o. Anton Starikov; S. 85 u. Christos Siatos; S. 86 o. nito; Mi. Vitalii Nesterchuk; S. 87 ANTONIO TRUZZI; S. 88 Ines Behrens-Kunkel; S. 89 Irina Wilhauk; S. 90/91 Pressmaster; S. 92 Igor Bukhlin; S. 93 o. Wesley West; u. WoodysPhotos; S. 94 Platoo Fotography; S. 95 Mi. gopixa; u. Monkey Business Images; S. 96 Lesia Kapinosova; S. 97 Kirill_Vytovtov; S. 98 Fordvika; S. 100/101 olllikeballoon; S. 100 yurakrasil; S. 101 o. Pressmaster; u. Andreas Trepte; S. 102 bubutu; S. 103 Yellow Cat; S. 104/105 rbkomar; S. 106 insemar.vector.art; S. 107 o. l. Kristine Rad; o. r. Val Vechterova; Mi. l. Kristine Rad; Mi. r. Kristine Rad; u. Monory; S. 108 o. l. milart; o. r. Franziska93; Mi. l. cosca; Mi. r. Wirestock Creators; u. l. Mabeline72; u. r. Ronnie Howard; S. 109 o. r. kaznadey; S. 109 Mi. l. ervin herman; Mi. r. dabjola; S. 109 u. Vitstyle; S. 110 o. photomaster; u. Dennis Jacobsen; S. 111 o. stocktech78; S. 111 u. Serg Rajab; S. 112 o. Albert Beukhof; u. Eric Isselee; S. 113 o. CoolPhotoGirl; u. FanThomas; S. 114 o. Nynke van Holten; u. Eric Isselee; S. 115 o. l. Vitalii Hulai; o. r. + u. l. Rudmer Zwerver; u. r. Galushko Sergey; S. 116 Lemonsoup14; S. 117Lemonsoup14; S. 119 o. Suzanne Tucker; Mi. thawatchai_bandit; S. 120 insemar.vector.art; S. 121 Monory; S. 122-126 insemar.vector.art, zhalul design; S. 127 Tsekhmister; CoolPhotoGirl; S. 128 o. Lucky Team Studio; u. Kletr

© Wikikommons:
S. 35 r. StomBer/https://commons.wikimedia.org/wiki/File:Schmetterlingsknotenstrickleiter.JPG
S. 38 l. Von Orchi/CC BY-SA 3.0, https://commons.wikimedia.org/w/index.php?curid=2530250
S. 38 r. C. Robiller/Naturlichter.de/CC-BY-SA-3.0/https://upload.wikimedia.org/wikipedia/commons/2/2f/Barbastella_barbastellus_01-cropped.jpg
S. 57 u. r. A. M. Liosi/https://de.wikipedia.org/wiki/Taubenschw%C3%A4nzchen#/media/Datei:Macroglossum.stellatarum.caterpillar.3088.Liosi.jpg
S. 101 u. Wikicommons Andreas Trepte, www.avi-fauna.info/https://commons.wikimedia.org/wiki/File:Coltsfoot.jpg

© Fischer Kinder und Jugendbuch Verlag GmbH: S. 23 o.; S. 32; S. 32; S. 34; S. 35 l.; S. 99

© Sebastian Lotzkat: S. 118; S. 119 u.

Weitere Informationen zum Kinder- und Jugendbuchprogramm der S. Fischer Verlage finden Sie unter www.fischerverlage.de

Aus Verantwortung für die Umwelt hat sich der Fischer Kinder- und Jugendbuch Verlag zu einer nachhaltigen Buchproduktion verpflichtet. Der bewusste Umgang mit unseren Ressourcen, der Schutz unseres Klimas und der Natur gehören zu unseren obersten Unternehmenszielen.
Gemeinsam mit unseren Partnern und Lieferanten setzen wir uns für eine klimaneutrale Buchproduktion ein, die den Erwerb von Klimazertifikaten zur Kompensation des CO_2-Ausstoßes einschließt.

Weitere Informationen finden Sie unter www.klimaneutralerverlag.de

FSC www.fsc.org MIX Papier aus verantwortungsvollen Quellen FSC® C002795

2. Auflage 2022

Erschienen bei FISCHER Sauerländer

Umschlaggestaltung, Layout und Satz: Sabine Reddig
Umschlagabbildungen: Sabine Reddig; ©premier.shutterstock.com: pio3; LHF Graphics; Marek Mierzejewski; DUSAN ZIDAR; xpixel; Rudmer Zwerver; Natykach Nataliia; Hayati Kayhan; yarbeer; Galushko Sergey; Wikicommons: StomBer / https://commons.wikimedia.org/wiki/File:Schmetterlingsknotenstrickleiter.JPG
Illustrationen: Ilonka Baberg
Fachberatung: Sebastian Lotzkat
Druck und Bindung: Livonia Print, Riga
Printed in Latvia
ISBN 978-3-7373-5918-4